ellermann

Für Sie

Weil Sie gerade dabei sind, einem Kind vorzulesen.

Mehr muss man dazu nicht sagen.

A. S.

Originalausgabe

© 2017 Dressler Verlag GmbH, Poppenbütteler Chaussee 53, 22397 Hamburg

ellermann im Dressler Verlag GmbH · Hamburg

Alle Rechte vorbehalten

Einband und farbige Illustrationen von Tina Kraus

Satz: Sabine Conrad, Bad Nauheim

Druck und Bindung: Livonia Print SIA, Ventspils iela 50, 1002 Riga, Lettland

Printed 2017

ISBN 978-3-7707-2909-8

www.ellermann.de

Andrea Schütze

Maluna Mondschein

Der Zauberwald feiert!

Mit Bildern von Tina Kraus

ellermann im Dressler Verlag GmbH · Hamburg

Inhaltsverzeichnis

Hallo, hallo, hier spricht Maluna Mondschein

Ich bin die kleine Gutenacht-Fee aus dem Zauberwald. Oh, kleiner Schatz, was bin ich froh, dass du da bist, denn ich muss dir so viel erzählen. Ich weiß gar nicht, wo ich anfangen soll. Am besten am Anfang, oder? Aber findest du nicht auch, dass man Geschichten am besten genießen kann, wenn man es sich dabei gemütlich macht? Warte, was könntest du dazu brauchen … eine Kuscheldecke und ein Kuscheltier. Ach ja, und eine Kuschelmama, einen Kuschelpapa, eine Kuschelomi, einen Kuschelopa und so weiter. Hauptsache, jemand Liebes, der dir meine Abenteuer vorliest.

Und dann träumt ihr euch gemeinsam in den fernen Zauberwald, der so weit weg und fern ist, dass er weiter weg und fern gar nicht mehr sein könnte. Ehrlich. Und trotzdem warte ich dort ganz aufgeregt auf dich. Guck mal, vor lauter Ungeduld hüpfe ich schon von einem Bein aufs andere, tips, taps, tips, taps.

Du musst dir nur wünschen, bei mir zu sein.

Tust du das?

Dann geht es nämlich JETZT los!

Oh, stopp, halt, bevor du dich auf die Reise machst: Ich habe ja noch gar nicht erzählt, um was es heute bei uns geht.

Ich erzähle dir dieses Mal alles über unsere Zauberwaldfeste.

Und, kleines Menschenkind, ahnst du, wie viele verschiedene Feste es bei uns gibt?

Ich verrate es dir: sehr viele.

Jedenfalls mehr, als in der Menschenwelt gefeiert werden.

Das hat mir jedenfalls diese komische Stimme versichert, die mir auch sonst immer dazwischenplappert und andauernd dreisiebzehnhundert nebelflotschunnötige Fragen stellt.

Bei euch gibt's anscheinend bloß Geburtstag und Weihnachten und Ostern und … ach, jetzt habe ich den Rest vergessen. Wieso habt ihr Menschen bloß so wenig zu feiern? Na, dafür feiern wir im Zauberwald umso mehr.

Und wenn wir gerade mal nichts zu feiern haben, denken wir uns einfach etwas aus. So wie meine Freundin, die kleine Hexe Ranunkel Krakelei. Als sie sich beim Zubereiten ihres süßen Hirsebreis verhext hat und das Töpfchen nicht wieder aufhören wollte zu kochen, hat sie die Bewohner des Zauberwaldes mithilfe einer Signalrakete zu einem fröhlichen Gartenschmaus-Fest eingeladen. Und obwohl es in Strömen geregnet hat, sind alle zum Nachtisch-Essen gekommen.

Wir haben aber auch sehr feierliche Feste, wie zum Beispiel das Kleinbirnbrückenwinkel-Fest, am Tag nachdem die Birnbaumleuchtflaschenlampenlaternen am einhundertsiebenundsiebzigsten Tag erlöschen.

Natürlich feiern wir aber auch ganz wichtige Sachen, zum Beispiel Kindergeburtstag. Den vom kleinen Zauberer hast du ja vielleicht schon mitgemacht. Und meinen, als der Feenwedel plötzlich blühte und ich die Einladungskarten zu meiner Mondscheinparty verlegt hatte und ich noch Pepita Polkapunkt aus dem Finsterwald retten musste …

Manchmal werden aus normalen Geburtstagen aber auch sehr spezielle. Von einem werde ich dir gleich erzählen.

Kann es losgehen?

Bist du da?

Dann auf geht's zum ersten Zauberwaldfest.

Pst, soll ich dir was verraten? Es ist wirklich eines meiner fünfundelfzehn Lieblingsfeste …

Das große Schokoladenfest

Für das große Schokoladenfest ist im Zauberwald schon immer die Familie Drache verantwortlich. Und zwar nicht deshalb, weil sie bei dieser Feier die meiste Schokolade von allen isst (obwohl sie das natürlich tut! Stell dir nur mal vor, welche MENGE an Schokolade in Mama und Papa Drache passt!), sondern weil man für das große Schokoladenfest Feuer braucht. Ein riesiges Feuer. Ein Feuer, wie es einfach nur Drachen entfachen können.

Nun fragst du dich bestimmt, warum zum Schokoladeessen ein Feuer benötigt wird? Ist es nicht einfach so, dass man die Tafel aus dem Papier wickelt, hineinbeißt und fertig?

Ha! Von wegen!!

Wir sind doch hier schließlich im Zauberwald.

*Und da ist so ein Schokoladen-
fest genau das, wonach es sich
anhört.*

*Also pass auf, die Geschichte
geht so:*

Damit im Zauberwald das große Schokoladenfest gefeiert werden kann, müssen ein paar wichtige Sachen gleichzeitig passieren. Manchmal dauert es Jahre, bis es so weit ist.

Die Bewohner des Zauberwaldes benötigen dazu nämlich verschiedene Zutaten. Und diese alle auf einmal zusammenzukriegen, ist ganz schön knifflig und viel schwieriger, als es sich anhört.

Zunächst einmal wäre da natürlich die Schokolade. Und weil Schokolade ja leider nicht an Bäumen wächst und man sie im Zauberwald auch nirgends einfach so kaufen kann, muss sie erst mühsam hergestellt werden. Dafür braucht man Familie Drache, einen Kakaobohnenbaum und das Zwei-Teil-Wetter.

Moment mal, du hast keine Ahnung, was das Zwei-Teil-Wetter ist? Vielleicht hast du schon mal vom Tag des Wilden Wetters gehört? Den gibt es nämlich auch im Zauberwald, aber das Zwei-Teil-Wetter kommt sehr viel seltener vor. Höchstens alle paar Jahre – und es funktioniert so: Im Zauberwald gibt es eine magische Lichtung, auf der so allerlei magische Dinge geschehen. Über diese Lichtung verläuft eine kaum sichtbare Grenze aus struppigem, hartem Borstengras.

Am Tag des Zwei-Teil-Wetters passiert Folgendes: Auf dem einen Teil der Lichtung herrscht das herrlichste Sommerwetter der Welt. Es ist furchtbar heiß, und man hat sofort das dringende Bedürfnis, in der Badehose herumzulaufen und alle paar Minuten schwimmen zu gehen.

Auf der anderen Seite der Grenze ist es jedoch bitterkalt, und es schneit so viel, dass die Zauberwaldkinder die schönsten Tunnel und Höhlen in den riesigen Schneehaufen graben können. Sie fangen mit dem Spielen zuerst auf der Schneeseite an, und wenn sie dann durchgefroren sind, tauen sie sich auf der Sommerseite wieder auf, sozusagen. Seltsamerweise kann man aber weder Schneebälle auf die Sommerseite noch Sonnenbälle auf die Schneeseite werfen. Sonnenbälle? Egal, jedenfalls kann man nicht einfach von einer Seite auf die andere wechseln. Die Grasbüschelgrenze ist wie eine durchsichtige, undurchdringliche Wand. Natürlich hat der kleine Drache versucht, obendrüber zu fliegen, aber er musste so hoch steigen, dass Mama Drache die Krise bekommen hat und ihren Sohn schimpfend aus den Wolken pflücken musste. Immer wenn jemand von der einen Seite des Wetters auf die andere Seite will, muss er um die ganze Lichtung rumlaufen. Und dabei schmilzt meistens auch der

ganze schöne Schnee, den man
auf die Sonnenseite mitnehmen
möchte. Nervig.
Zeitgleich mit dem Zwei-Teil-Wetter
muss der Kakaobaum reif sein, der glücklich unten
im Sonnental vor sich hin wächst. Heute hat der Sonnen-
tal-Gärtner Herr Bobono Familie Drache in aller Frühe
schon Bescheid gegeben, dass es mal wieder Zeit für das
große Schokoladenfest wäre.
Jetzt klettert Herr Bobono geschickt in den höchsten Ästen des Kakaobohnenbaums herum und erntet die mäch-
tigen Bohnenfrüchte. Diese wirft er dem aufgeregt um ihn
herumflappenden kleinen Drachen zu, der sie nach unten
zu seinen Eltern trägt.

Während Mama Drache die Früchte aufschlägt, indem sie diese, kra-zlisch!, mit einem riesigen Schwert zerteilt, popelt Papa Drache die Kerne aus ihrer glibbrigen weißen Fruchthülle und füllt sie in große Jutesäcke. Maulend wie immer, weil er viel lieber auch der Fruchtschalenschwertkämpfer wäre als der Kernepopler und Sackwegbringer. Dann fliegt er die Säcke zur Lichtung hinüber, auf der tatsächlich der Zwei-Teile-Wetter-Tag in vollem Gange ist.

Auf der Sommerseite entzündet Papa Drache, faauuuch!!!, ein gewaltiges Feuer, über das er einen Riesengrillrost stellt, auf dem er die Kakaobohnen dann verteilt.

Sobald die Bohnen anfangen, braun zu werden, entsteigt ihnen ein ähnlich köstlicher Duft, wie du ihn von den Esskastanienbuden im Winter kennst. In kleinen Wölkchen pafft der Duft über den Zauberwald und gibt den Startschuss zum großen Schokoladenfest.

Nachdem Papa Drache die Bohnen geröstet hat, schüttet er sie in ein großes Sieb. Mama Drache trägt es auf die Winterseite, damit die heißen Schalen auskühlen. Dann tapst sie wieder herüber, stellt das Sieb auf dem Boden ab und beginnt, darauf ihren beliebten Schokoladenfest-Tanz aufzuführen.

Ruuumpel, traaampel, donnerwummpel!!!, macht es, als sie auf den Bohnen herumtrampelt, dass die Schalen nur so von den Kernen platzen. Außerdem bringt sie damit den ganzen Zauberwald zum Vibrieren, und das ist praktisch, denn so erfährt auch Nike vom nahenden Fest, da sich die Wasseroberfläche ihres Sees im Rhythmus von Mama Draches Gestampfe, Verzeihung, Getanze zu kräuseln beginnt. Auch die kleine Gutenacht-Fee wird übrigens ebenso alarmiert, weil sie in ihrem Feenbettchen unsanft auf und ab gehopst wird.

Endlich kommt der Moment, der dem kleinen Drachen und seinem Hund Frigo fast noch mehr Spaß macht als die Kakaobohnentransportfliegerei.

Mama Drache hält das Sieb hoch in die Luft, während Frigo und der kleine Drache darunter mit den Flügeln wedeln, was das Zeug hält, damit die Schalen von den Kakaobohnen getrennt werden.

»Ich bin ein Kakaobohnenpropellerdrache!«, brüllt der kleine Drache.

»Und ich ein Kakaobohnenpropellerdrachenhund!«, brüllt Frigo, während die losen Schalen in großen wirbelnden Schwaden zu Boden rascheln.

»Nun macht schon«, drängelt Mama Drache ungeduldig, während die beiden schon Muskelkater in den Flügeln haben. »Ich bin in Tanzstimmung.«

Dann füllt sie die Kerne in eine riesige flache Schale, ruft »Heppa, los geht's«, rafft ihr Kleid zusammen und steigt hinein.

Aber diesmal gibt Mama Drache nicht den Kakaobohnenschalen-Knacktanz zum Besten, sondern zeigt ihren berühmten Kakaokernezermalm-Quetschie. Und weil sich schon reichlich Publikum in Badekleidung auf der Lichtung versammelt hat, gibt sich Mama Drache richtig Mühe.

»Ja, zeig uns den Quetschie«, ruft Mama Bär. Auch die anderen Bewohner feuern Mama Drache an, die ihren Drachenpopo jetzt immer wilder kreisen lässt. Mit schwankendem Drachenschwanz und wabbelndem Drachenbauch zerdrückt und matscht sie die Kakaokerne zu einem wunderbaren braunen Brei.

Mama Draches Tanz ist für den kleinen Drachen übrigens der schrecklichste Moment des großen Schokoladenfestes.

»Bleib cool«, beruhigt ihn Frigo. »Eltern sind manchmal einfach peinlich.«

»Und sie merken es nicht mal«, stöhnt der kleine Drache und kneift die Augen zusammen.

»Doch«, erwidert Frigo, »aber es macht ihnen nichts aus. Und das ist dann doppelt peinlich.«

Der kleine Drache nickt und stellt erleichtert fest, dass seine Mutter mittlerweile bis zu den Knien in einem braunen Matsch aus Kakaomasse steht.

»Puh, überstanden«, murmelt er und beobachtet, wie Papa Drache die Schale auf den Grillrost über das Feuer stellt. Der kleine Drache hat jetzt die lustigste Aufgabe des Tages. Er tunkt einen langen Kochlöffel in die Kakaomasse und beginnt, wie ein lebender Küchenmixhubschrauber im Kreis herumzuknattern. Immer und immer rund um den Topf herum, während Mama Drache kiloweise Zucker, eimerweise Butter, händeweise Vanille und flaschenweise Sahne dazugibt.

»Wie sieht's aus?«, ruft der kleine Bär seinem Freund zu, denn der Topf auf dem Feuer ist so hoch, dass niemand außer dem Drachen hineinsehen kann.

»Braun«, antwortet der kleine Drache.

Der kleine Bär zückt sein Notizbuch. »Alles klar«, sagt er und zeichnet ein Kreuz hinein. Schon vor einiger Zeit hat sich der kleine Bär eine Tabelle ausgedacht, mithilfe derer er genau bestimmen kann, wann die Schokoladenmasse fertig ist. Denn das ist gar nicht so einfach. Verpasst man nämlich den richtigen Zeitpunkt, ist sie hinterher bröckelig oder sonst wie ungenießbar.

»Dunkelbraun, hellbraun, mittelbraun, nussbaum, äh, nuss*braun*, maulwurfshaufenbraun, baumstammbraun, erdbraun, ziegenköttelbraun oder bärenfellbraun?«, fragt er.

»Schokoladenbraun, würde ich sagen«, erwidert der kleine Drache und surrt weiter im Kreis.

»Och nö«, mault der kleine Bär, denn diese Farbe hat er nicht in seiner Tabelle aufgeschrieben. »Glänzend, matt, schillernd, buttrig, klumpig?«

»Glänzend«, berichtet der kleine Drache und rührt noch ein wenig schneller.

»Weich, hart, flüssig?«, fragt der kleine Bär.

»Genau richtig«, sagt der kleine Drache.

»Mann!«, schimpft der kleine Bär, weil das schließlich er bestimmen will. »Okay!«, ruft er nach einem kritischen Blick in sein Heft und wendet sich dann den schokoladenhungrigen Zauberwaldbewohnern zu. »Dank meiner genialen Tabelle und mithilfe vieler komplizierter Berech-

nungen konnte ich nachweisen, dass die Schokolade GE-
NAU JETZT RICHTIG ist. Es kann also losgehen.«

»Hurraaa!!!« Die Zauberwaldbewohner rücken zusammen und scharen sich drängelnd um ein seltsames ho-
hes Gebilde, das an diesem speziellen Tag ebenfalls auf
der Sommerseite der magischen Lichtung aufgebaut ist.
Es hat eine turmartige Form und steht auf einem Sta-
pel Brennholz, den Papa Drache in diesem Moment,
fuuusch!, unter Applaus entzündet. Dann schleppt er den
Schokoladentopf heran, kippt die flüssige Masse in das
geheimnisvolle Turmgerät und sagt mit strenger Stimme:
»So, Herrschaften, bitte mal einen Schritt Abstand halten,
damit sich niemand verbrennt.«

Ehrfürchtig weichen alle ein wenig zurück. Achtung,
tretet nicht auf Mister Zwicker, der in Vertretung
für Nike, das Seefräulein, erschienen ist.

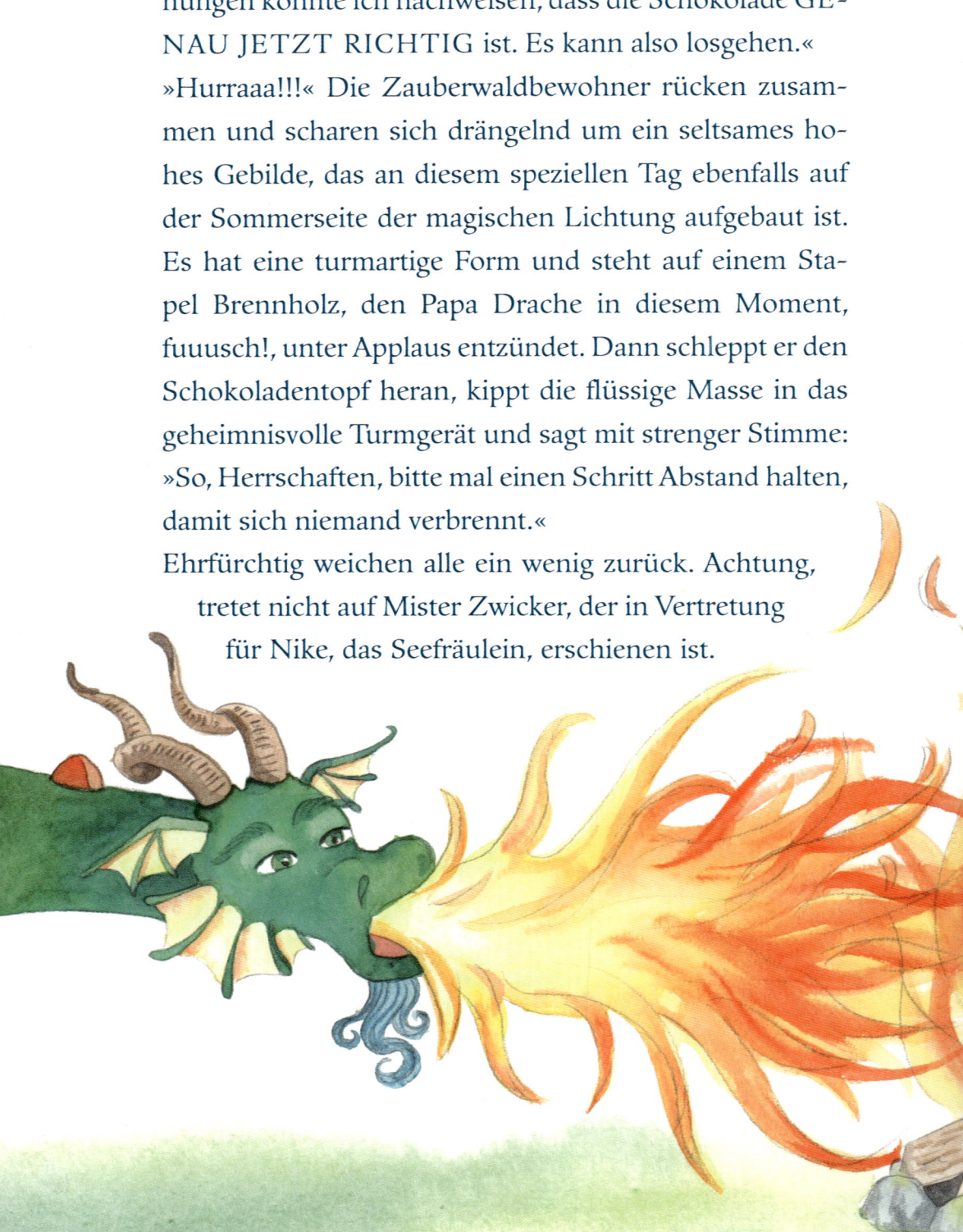

Doch wo steckt eigentlich Maluna? Sie ist wohl doch noch mal eingeschlafen. Macht aber nichts, ihre Freundin Ranunkel Krakelei wird ihr bestimmt nachher etwas mitbringen.

Okay, weiter geht's. Das Feuer unter dem Turmding hat die Schokoladenmasse inzwischen noch weicher und flüssiger gemacht, sodass sie jetzt … Jaaaaa!!! … endlich ihren Weg durch das Gerät nach oben findet und wie bei einem Springbrunnen in einer wunderbar glänzenden Fontäne herausgeschossen kommt.

Das ist genau der Augenblick, auf den alle gewartet haben. Der Schokobrunnen funktioniert!

Rasch halten die Festgäste all ihre mitgebrachten Leckereien unter die weiche Schokolade und fabrizieren die wunderbarsten Frucht-Schokolollis, die man je gesehen hat. Aber nicht nur das. Da man ja nie weiß, wann das Schokoladenfest das nächste Mal wieder stattfinden wird, müssen die Zauberwaldbewohner jede Menge Vorräte anlegen.

Deswegen wird ALLES mit Schokolade gefüllt, was man überhaupt nur füllen kann: Kochtöpfe, Eimer, Schüsseln, Tüten, Becher, Teekannen, Blumentöpfe, Luftballons, Gießkannen, Gläser, Flaschen, Tassen, Vasen, Fingerhüte, Kartons, ja sogar Schubkarren, Gummistiefel und Kürbisse. Wenn schließlich nur noch ein winziges bisschen Schokoladenmasse im Topf ist, löscht Papa Drache das Feuer mit einem gewaltigen Drachenpuster aus.

Nun werden die Schokogefäße auf der Winterseite der Lichtung so lange gekühlt, bis die Schokolade schön fest geworden ist und später aus ihrer Form geklopft werden kann. Das funktioniert bei den allermeisten Gefäßen nicht sonderlich gut, weil sie nun mal nicht dafür gemacht sind, mit Schokolade gefüllt zu werden. Aber Schokolade bleibt Schokolade, auch wenn sie hinterher nicht gerade die hübscheste Form auf der Welt hat.

Schließlich fährt Papa Drache unzählige Schubkarren voller Schnee auf die Sonnenseite und kippt den Inhalt zur restlichen Schokolade in den großen Topf. Jetzt darf der kleine Drache noch mal mit dem Schneebesen propellern, und schwuppdiwupp gibt es so viel Schokoladeneis, wie man nur essen kann, sodass den meisten Schokoladenfestgästen spätestens jetzt ein ganz klein wenig mulmig wird.

Doch der krönende Abschluss kommt erst noch, denn das gelungenste Schokokunstwerk des Festes muss gewählt werden. Und diese Entscheidung fällt Mama Drache wie immer mit strengem, aber gerechtem Blick.

Nach langem Nachdenken und Hin-und-her-Überlegen entscheidet sie sich für das Werk von Schwester Rot. Die hat nämlich eine dünne Schicht Schokolade auf ein Eichenblatt gestrichen und das Blatt anschließend einfach wieder abgezogen.

»So einfach und doch so wunderschön«, haucht Mama Drache entzückt und schüttelt Schwester Rot unter dem Applaus der Festgäste die Hand. Leider steigt ihr dabei das kitzelprickelige Erdbeerbrauseduftparfüm von Schwester Rosa in die Nase, die natürlich direkt neben ihrer Schwester steht, und Mama Drache kann nicht anders: Sie muss niesen. Und weil Drachennieser ziemlich viel heiße Luft beinhalten, schmilzt das preisgekrönte Schokoblatt auf Schwester Rots Hand. Traurig tropft die Schokolade ins Gras.

»Ups«, sagt Mama Drache und schnieft verlegen.

»Hrmpf«, macht Schwester Rot empört.

»Kein Problem«, flötet Schwester Rosa. »Sie macht einfach noch eins.«

»Hrmpf«, mault Schwester Rot erneut, und Schwester Rosa rollt entschuldigend mit den Augen.

Dann ist das Schokoladenfest ziemlich plötzlich vorbei, weil die Gäste nun eilig die Lichtung verlassen, damit ihnen ihre kunstvollen Schokoladengebilde in der Hitze der Sonnenseite nicht ebenfalls zusammenschmelzen.

Doch alle Zauberwaldbewohner feiern zu Hause weiter, denn an diesem Tag gibt es natürlich nichts anderes zu essen als Schokolade. Und zwar so viel man möchte. Sogar aus den Gummistiefeln gelöffelt, wie vom kleinen Drachen.

Am Morgen nach dem großen Schokoladenfest finden die Kinder des Zauberwaldes übrigens niemals ein Feengeschenk auf der Fensterbank. Da können sie noch so ratzeschnell und tippeltoll ins Bett gegangen sein, wie sie wollen.

Und warum?

Na, stell dir mal vor, du wärst die kleine Gutenacht-Fee. Könntest du fliegen, wenn dir vor lauter Schokopamps im Bauch so schlecht ist, dass deine Stimmungssträhne sich verknotet und eine würggrüne Farbe bekommen hat?

Ganz sicher nicht.

Und Maluna Mondschein auch nicht.

Ende der Geschichte

Oh, guck mal, hier steht ja doch noch etwas. Nämlich das

Rezept für das Gewinnerkunstwerk des diesjährigen Schokoladenfestes:

Schwester Rots Schokoblätter

Du brauchst:

* eine halbe Tafel Kuvertüre in deiner Lieblingssorte
* 10 große Eichenblätter oder andere ungiftige aus dem Garten
* Backpapier
* einen tiefen Teller, den du mit sehr heißem Wasser vorwärmen musst. Aber Achtung, das sehr heiße Wasser ist sehr heiß!
* einen Pinsel

Die Kuvertüre lässt du ganz, ganz langsam bei niedriger Temperatur in einem Topf schmelzen. Währenddessen reibst du die Blätter behutsam, aber gründlich sauber. Dann gießt du die geschmolzene Schokolade in den warmen Teller. Jetzt kannst du die Blätter von der schönen Seite in die Schokolade tunken und zum Trocknen auf das Backpapier legen. Wenn dir das Tunken nicht gut gelingt, kannst du die Blätter auch mit dem Pinsel bestreichen. So, als ob du sie mit Schokolade anmalen würdest. Aber nur die eine Seite!

Wenn alles gut getrocknet ist, kannst du die echten Blätter vorsichtig ablösen.

Übrig bleiben wunderschöne, zart schmelzende Schokoblätter.

Jetzt bloß keinen Drachen drauf niesen lassen!

Das Fest der Dunkelmunkelschunkel

Wenn es bei uns im Zauberwald Herbst wird, muss der Mond für einen Tag in Reparatur.

Aha, ich sehe dich schon erstaunt gucken. Ich kann dir an der Nasenspitze ansehen, dass du wissen möchtest, was das nun wieder zu bedeuten hat.

Ist der Mond etwa kaputt?

Aber nein, er muss nur einfach mal durchgecheckt werden. Ob noch alles drin und dran ist. Das Mondgesicht zum Beispiel. Das wird bei dieser Gelegenheit nämlich gleich frisch nachgezogen, und auch sonst wird der Mond poliert und glänzend geschrubbt. Für all diese Arbeiten sind die Mondschrubberchen zuständig. Und weil der Mond so riesig ist, wuseln dabei bestimmt neunundneunzigtrilliardenmillionen Mondschrubberchen auf ihm und um ihn herum.

Das Dumme ist nur: Sie haben die empfindlichsten Augen, die du dir nur vorstellen kannst, und fühlen sich von allem und jedem sofort geblendet. Deswegen muss der Mond sein Licht ausknipsen, während er geschrubbt wird. Und das ist eigentlich

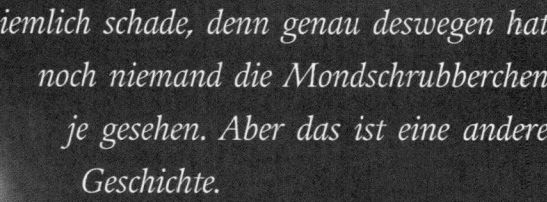

ziemlich schade, denn genau deswegen hat noch niemand die Mondschrubberchen je gesehen. Aber das ist eine andere Geschichte.

Was ich eigentlich erzählen wollte, ist, dass es am Tag der Mondreparatur im Zauberwald natürlich stockdunkel ist. Und das finden besonders die Kinder toll, denn dann dürfen sie das Fest der Dunkelmunkelschunkel feiern.

Und das geht so:

Das Fest der Dunkelmunkelschunkel beginnt wie üblich damit, dass die kleine Gutenacht-Fee sich aufregen muss. Fürchterlich aufregen, um genau zu sein.

Doch das kennen wir ja schon.

Es ist immer dann so weit, wenn die Kinder des Zauberwaldes sich tagsüber unter dem Nussbaum auf dem Feenhügel treffen, quatschen, Krach machen, herumtollen und spielen. Weil Maluna Mondschein dann nämlich eigentlich ihre Ruhe braucht und schlafen müsste.

Sie muss sich aber auch dann aufregen, wenn die Kinder des Zauberwaldes sich nachts unterm Nussbaum auf

dem Feenhügel treffen, quatschen, Krach
machen, herumtollen und spielen. Weil
Maluna Mond-
schein dann
nämlich ge-
rade aufsteht,
noch halb im
Tiefschlaf ist und
ebenso ihre Ruhe
braucht. Und das ist
gerade jetzt der Fall,
wie jedes Jahr
am Dunkel-
munkelschunkel-Tag.
Doch von der schimp-
fenden Gutenacht-Fee
bekommen der kleine Bär,
der kleine Drache, der kleine
Zauberer und all die anderen
Zauberwaldkinder überhaupt
nichts mit. Denn der Mond hat sich schon seit gut einer
Stunde zur Reparatur verabschiedet, und deswegen ist es
entsprechend finster. Wenn man an sich selbst hinunter-
schaut, sieht man kaum die eigenen Füße.

»He«, wundert sich der
kleine Bär in diesem Mo-
ment und verkündet genau
das. »Meine Füße sind weg.«
»Kroah-ha-ha«, lacht die
kleine Krähe Rabenschwarz
und flattert auf einen andern
Ast hinauf. Von dem rabenschwarzen Krähenkind sieht
man nur das rote Schleifchen, das durch die Nacht flattert.

Deshalb haben die Kinder sich Laternen gebastelt, die sie
an langen Holzstäben vor sich hertragen. Doch natürlich sind es keine ganz gewöhnlichen Laternen, sondern
jede sieht aus wie der Kopf des Kindes, das sie trägt. Findest du das gruselig? Ich schon. Und wie! Um ehrlich zu
sein, ist das überhaupt das Gruseligste, was ich je gesehen
habe! Denn gleichzeitig sehen die echten Köpfe der Kinder aus, als seien sie ganz verschwunden! Sie haben sich
die Gesichter nämlich kohlrabenschwarz angemalt, tragen
schwarze Mützen und sind zusätzlich noch in die dun-
kelsten Kleidungsstücke gehüllt, die sie finden konnten.
Das heißt also, die Kinder veranstalten zwar einen Höl-
lenlärm vor lauter Freude an ihrem unheimlichen Auftritt,
sind aber so gut wie nicht zu sehen! Nur, wie gesagt, ihre

Laternenköpfe, die schaukelnd und flackernd durch das dunkle Nichts zu schweben scheinen.

Und genau das ist der Sinn des Dunkelmunkelschunkel-Festes. Man verkleidet sich als Dunkelmunkel und schunkelt seinen *eigenen* Kopf mit einer Kerze drin an einem Stock vor sich her, verstehst du?

»Sind alle bereit?«, ruft der kleine Zauberer. Denn jedes Dunkelmunkelschunkel-Fest startet mit einer Nachtwanderung durch den Zauberwald.

»Jaaa!«, rufen die Kinder und schwenken ihre Dunkel-munkelschunkel-Fest-Sammeltaschen, was man natür-lich nicht sehen kann, denn die sind ebenso schwarz wie alles andere. Und dann geht es endlich los.

»Eins und zwei, babumm, babumm,
wir kommen euch ganz nah!
Die Dunkelmunkel nähern sich,
und gleich sind wir ganz daaa!«

So singen die Kinder im Takt ihrer Schritte.

»Eins und zwei, babumm, babumm,
laufen wir durch den Wald.
Der Schunkelkopf, er grinst so schön
und entdeckt dich bald!«

»Haaalt!«, unterbricht der kleine Drache den Gesang des gruseligen Festzuges nach wenigen Metern. »Ich seh eins!« Und wirklich: An einem Treppengeländer hängt eine kleine Lampe, in der ein flackern-des Kerzchen schwach die Umge-bung erhellt. Jubelnd umringen die Kinder den Korb, der auf den Stufen bereitsteht. »Räuberriegel«, stellt der kleine Bär zufrieden fest und steckt einen in seine Sammeltasche. »Dann sind wir bei Ranun-kel Krakelei«, sagt der kleine Zauberer und stimmt die Dankesstrophe an.

»Drei und vier, wer wohnt denn hier?
Es ist die kleine Hexe.
Der Schunkel ist zufrieden,
drum lassen wir dich leben!«,

brüllen die Dunkelmunkel und laufen weiter. Kreuz und
quer geht es jetzt mit den baumelnden Schunkelköpfen
durch den Zauberwald. Und wo immer die Kinder ein
Lichtlein entdecken, füllen sie ihre Dunkelmunkelschun-
kel-Fest-Sammeltaschen mit den kleinen Überraschun-
gen, die die Zauberwaldbewohner ihren gruseligen Gäs-
ten vor die Tür gestellt haben.

»Drei und vier, wer wohnt denn hier?
Es sind die Schwestern Rosarot.
Der Schunkel ist zufrieden,
drum lassen wir euch leben!«

Johlend und lachend tragen die Dunkelmunkel ihre
immer schwerer werdenden Sammelbeutel durch die
Nacht.

»Könnte vielleicht jemand mal von oben gucken?«, schlägt
der Zeitungsjunge Foxtrott Fuchs irgendwann vor, als die

Gruppe schon eine ganze Weile kein Lämpchen mehr
entdeckt hat.

»Geht klar«, sagt der kleine Drache und flattert schnau-
fend in die Höhe.

»Ahhh!«, rufen die Dunkelmunkel von unten anerken-
nend, denn der Anblick des Drachenkopfes, der körperlos
leuchtend über dem Zauberwald dahinschwebt, ist ein so
unheimlicher Anblick, dass sie sich jedes Jahr aufs Neue
nicht daran sattsehen können.

»Nö, nichts zu entdecken«, berichtet der kleine Drache,
als er wieder gelandet ist. »Aber das Schunkelfeuer brennt

schon. Wir müssen da rüber«, sagt er und deutet in die Finsternis.

»*Eins und zwei und drei und vier*«, singt die Gruppe, während sie auf den Feuerschein zulaufen.

> »*Fette Beute haben wir.*
> *Badumm, badumm, der Schunkel lacht,*
> *in dieser dunklen Munkelnacht.*«

Und als die Dunkelschunkel müde, erschöpft und hungrig von ihrer nächtlichen Jagd den kleinen Pfad heraufgestolpert kommen, der zum Haus des kleinen Zauberers führt, erwartet sie dort das wunderbarste Dunkelmunkel-Schunkel-Fest-Feuer, das man sich nach einer Nachtwanderung nur wünschen kann. Grüne, blaue, lila und orangefarbene Flammen schlagen in den schwarzen Himmel und erhellen einen großen Rost, auf dem Papa Zauberers berühmte Munkelschunkelis vor sich hin brutzeln. Natürlich haben die Munkelschunkelis jedes Jahr eine andere Form und schmecken nie gleich, weil der große Zauberer schon am nächsten Tag wieder vergessen hat, wie er sie überhaupt gezaubert hat, aber das macht überhaupt nichts.

Zu den köstlichen Munkelschunkelis gibt es so viel Wald-
meisterbrause aus der Gießkanne, wie man nur trinken
kann, und für jeden noch eine Handvoll Regenbogen-
dragees in die Dunkelmunkel-Schunkel-Fest-Sammel-
tasche von Papa Zauberer höchstpersönlich.

Nachdem sich alle satt gegessen und vom bunten Feuer vorne wieder warm geworden sind, spielen die Dunkelmunkel noch eine ganze Weile Fangen, Verstecken und was ihnen sonst noch alles einfällt. Doch als Foxtrott vor lauter Müdigkeit ständig von seinem Einrad fällt, dem kleinen Bär beim Essen die Augen zuklappen und der kleine Drache feststellt, dass seine Drachenflügel bereits schlafen, da löscht der große Zauberer das Feuer, trägt den kleinen Zauberer in sein Bett und schickt die restlichen Dunkelmunkel nach Hause. Gähnend machen sie sich auf den Heimweg.

Genau rechtzeitig ist auch der Mond aus der Reparatur zurück und leuchtet den erschöpften Gestalten so hell und glasklar den Weg, dass auch jedes Kind sicher nach Hause zurückfindet.

Ende der Geschichte

Rezept für Papa Zauberers Munkelschunkelis

Du brauchst:
* *1 klein gehackte Zwiebel.* Vielleicht auch 19. Oder waren es 30?
* *1 altes Brötchen.* Möglicherweise auch eine ganze Tüte voll. Oder keins? Oder war es doch ein ganz frisches?
* Kräuter nach Geschmack. Petersilie? Schnittlauch? Oder nahm man nicht doch eher Koriander???
* *Salz.* Mehr oder weniger. Mal mehr, mal weniger.
* *1 Ei.* Oder fehlte da die Null? Waren es 10 Eier?
* *1 Teelöffel Senf.* Vielleicht auch eine ganze Tube. Oder zwei Tuben? War es überhaupt Senf, oder doch nicht? Könnte man auch Ketchup nehmen?
* *500 g Hackfleisch oder Sojaschnetzel.* Doch. Nein. 50 000 g eher, oder?
* *Olivenöl.* Ganz sicher. Olivenöl. Nichts sonst.

Der Rest ist reinste Zauberei:
Erst die Zwiebelstückchen anbraten und das Brötchen in lauwarmes Wasser einlegen. In einer Schüssel das Fleisch (oder die Sojaschnetzel), Gewürze, Ei, Zwiebelwürfel und das ausgedrückte Brötchen vermischen. Oder

stopp mal … Sollte man nicht zuerst das Brötchen anbraten und das Ei einlegen? Möglicherweise ist es aber auch so, dass man zuerst das Ei brät und den Senf einweicht. Wahrscheinlich darf man das selbst bestimmen. Jedenfalls kommt zum Schluss alles zusammen, und man formt die Munkelschunkelis daraus.

Quadratisch sind sie am schönsten. Wenn man sie kugelig macht, sehen sie am besten aus. Platt sind sie eine Sensation, aber man kann auch lange Schlangen daraus rollen, so schmecken sie am allerköstlichsten überhaupt.

Zum Schluss mit Olivenöl einpinseln und beim nächsten Dunkelmunkelschunkel-Fest auf den
Grill schmeißen.

Oder werfen? Legen vielleicht
am ehesten …

Drachen-Geburtsnacht-Party

Wie du bestimmt schon erfahren hast, feiern die Kinder im Zauberwald ihren Geburtstag ganz genauso wie du. Also so ähnlich zumindest. Ganz grob jedenfalls. Es gibt Geschenke und ungesunde Sachen zum Essen. Kennst du die Geschichte, wie der kleine Bär beim kleinen Zauberer eingeladen war und Grennui Grasgrün beleidigt in den Eisbecher gefallen ist, wobei ihn der kleine Drache beinahe verschluckt hätte?

Oder vielleicht meine eigene Geburtstagsfeier, bei der mein allerschönstes Geschenk ein winziges Ei war, aus dem erst Laupe, meine Raupe, und dann Lotte, meine Motte, wurde?

Es gibt also Geburtstage, an denen man feiert, dass man ein Jahr älter geworden ist, wie ihr in der Menschenwelt und die Kinder im Zauberwald – oder ein Jahr spezieller, wie ich, wenn der Feenwedel blüht. Jeder einzelne Geburtstag ist etwas ganz Besonderes.

Doch hast du dir schon mal überlegt,

dass man, um Geburtstag zu haben, ja erst mal GEBOREN *werden muss?*

Wenn im Zauberwald ein Baby auf die Welt kommt, geht am nächsten Tag der ganze Zauberwald auf Wanderschaft, um sich den Neuankömmling genau anzusehen, um Geschenke, Kartoffelsuppe und Kuchen zu bringen, wie die Heiligen Drei Könige.

Ganz anders aber, wenn eine Drachenbabygeburt ansteht.

Denn die schlüpfen ja aus einem Ei …

Aber hör selbst:

In der Drachenhöhle rumpelt es ganz schön. Mama Drache hat einen Schlechte-Laune-Anfall, der im ganzen Zauberwald zu hören ist.

»Wie lange muss ich eigentlich noch auf diesem verflummdaddeligen Ei herumsitzen?«, schimpft Mama Drache und versucht, ihren riesigen Drachenpopo in eine andere Position zu bringen.

»Aua«, ächzt sie. »Wie kann einem vom Ausbrüten eines glatten, runden Eis der Po nur so wehtun, zum knatternden Drachenpups noch mal.«

»Bestimmt dauert es nicht mehr lang«, versucht der kleine Drache seine Mutter zu trösten.

»Hat irgendjemand überhaupt eine Ahnung …«, Mama

Drache legt ihre Hände um den Mund und beugt sich, so gut es geht, ans offene Fenster, um ihre Frage an den ganzen Zauberwald zu stellen, »… wie monsteranstrengend es ist, ein Drachenei auszubrüten? Naaa? Hat jemand?«, brüllt sie. »Na-heiiin! Ich bin ja schließlich die einzige Drachin in diesem zauberhaften, zuckersüßen, zaubrigen, zatzelzippzigren Zutzelzappszauberwald«, schimpft sie weiter.

Es wurde wirklich Zeit, dass das kleine Geschwisterchen des kleinen Drachen bald schlüpfte, Mama bekam seit einiger Zeit eine Drachenausbrütkrise nach der anderen.

»Mama, du …«, versucht der kleine Drache es erneut.

»Nix, *Mama, ich*!«, poltert Mama Drache und stöhnt. »Komm raus, hörst du, komm endlich da raus, ich hab die Drachenschnauze voll vom Gebrüte!« Mama Drache lüpft eine Pobacke, damit das Drachenbaby im Ei seine Mutter auch deutlich hören kann.

»Wenn du so schimpfst, würde ich auch nicht rauskommen wollen«, sagt der kleine Drache.

»Ups.« Mama Drache guckt betreten und wendet sich erneut an das Ei. »'tschuldigung, Kleines, hörst du? Die Mami hat es nicht so gemeint. Es ist nur so, dass ich allmählich vom Rumsitzen ganz kribbelig werde.« Mama Drache tippt ungeduldig mit dem Fuß. »Dein Papa ist nämlich zu schwer zum Brüten, dieser Fleischklops, und deswegen muss ich die ganze Arbeit alleine machen.«

»Also, Mama, jetzt schlüpft es wegen Papa nicht«, sagt der kleine Drache.

»Oh, du hast recht.« Mama Drache überlegt. »Hör mal, Baby, dein Papi ist auch ein ganz Lieber. Ein ganz, ganz, ganz lieber Fleischklops. Kommst du jetzt raus?«

»Oh Mann, Mama«, sagt der kleine Drache und grinst.

»Was denn?«, fragt Mama Drache und betrachtete missmutig ihre Füße. »Ich brauche unbedingt neue Schuhe. Sobald das Baby geschlüpft ist, fliege ich einkaufen. Und lasse mir gleich zwei Paar rosa färben.« Mama Drache wirkt plötzlich viel zufriedener. »Ja, das ist ein guter Plan.« Der kleine Drache atmet auf. Seit seine Mutter das Geschwisterchen ausbrütet, ist sie irgendwie nicht mehr sie selbst.

»Ich finde auch, du könntest allmählich schlüpfen, weil dein großer Bruder nämlich auch sehr NETT ist«, sagt er zum Ei.

»Oh, mein Schatz«, meint Mama Drache und winkt den kleinen Drachen zu sich. »Du hast ja so recht«, sagt sie und drückt ihn. »Du bist nett. Superklassespitzenmäßig nett sogar. Und ich liebe dich sehr. Aber wenn ich nicht bald von diesem Ei runterkomme, dann …«

KRICKSEL, macht es da plötzlich leise, und Mama Drache reißt erstaunt die Augen auf.

»Hast du das auch gehört?«

Der kleine Drache schüttelt den Kopf.

»Komisch«, meint Mama Drache. »Jetzt bilde ich mir schon Geräusche von zerbrechenden Eierschalen ein.«

KRAAACKSELZRIPP, macht es.

»Doch!«, rufen jetzt Mama Drache und der kleine Drache gleichzeitig. Vorsichtig lüpft Mama Drache eine Pobacke. »Pscht«, macht sie. »Ich glaube, es geht los.«

Der kleine Drache schluckt. Plötzlich wird ihm ganz bang ums Herz. Was, wenn sein Babygeschwister nicht rechtzeitig aus der Schale gekrabbelt ist? Mama Drache wird mit ihrem gewaltigen Gewicht das rissige Ei im Nu platt drücken.

»Keine Sorge«, ächzt Mama Drache, die die Gedanken ihres Sohnes erraten hat. »Ist ja nicht so, dass ich das zum ersten Mal mache.« Dann stemmt sie die Arme auf die Schenkel und erhebt sich stöhnend. »Was hier lauter knirscht als die Schale, sind meine Knie«, jault Mama Drache.

Ungeduldig hüpft der kleine Drache von einem Bein auf das andere. Auf diesen Moment hat er schließlich genauso lange gewartet wie Mama Drache.

»Startet es jetzt?«, ruft er aufgeregt.

Mama Drache nickt feierlich, hebt vorsichtig das Ei auf, wiegt es zärtlich in ihren Händen und rumpelt hinter dem kleinen Drachen die Treppe hinunter.

Kaum hat der kleine Drache die schwere Tür der Höhle aufgestoßen, fliegt er hoch in die Luft und brüllt aus Leibeskräften: »Alle mal herhören! Lasst es uns beginnen. Das Drägn-Nuborn-Festiwäll startet JETZT.« Dann hält er inne, um zu hören, wie seine Nachricht bei den Zauberwaldbewohnern angekommen ist.

Doch niemand reagiert.

»Hallo?«, ruft der kleine Drache. Schon vor Tagen hat er zusammen mit Frigo wahre Ströme von Geburtsnachts-Einladungskarten über den Zauberwald regnen lassen. Jeder, wirklich jeder MUSS einfach mitbekommen haben, dass es in den nächsten Tagen bei Frau Drache so weit sein wird. Doch anscheinend sind es die Zauberwaldbewohner gewöhnt, dass der kleine Drache beim Fliegen die komischsten Dinge vor sich hin brüllt. Niemand wunderte sich. Und deshalb reagiert auch niemand.

Oder kann es vielleicht noch einen anderen Grund geben?

»WAS startet?«, fragt Mama Drache in die unerwartete Stille hinein und gibt dem Ei ein Küsschen auf die Schale.

»Das Dragon-Newborn-Festival«, ruft der kleine Drache. »Das ist Englisch. Sagt man heute so. Das DRAGON-NEWBORN-FESTIVAL. Leute! Haaalllooo!«

Mama Drache runzelt die Stirn. »Schatz, es scheint, als ob

niemand deine Ansage verstanden hätte. Vielleicht machst du es auf die schnarchlangweilige, altmodische Art, sonst kommt das Baby noch ohne Party auf die Welt, und das wäre nicht gut für meine, äh, seine Stimmung, hm?«

»Okay«, mault der kleine Drache und versucht es erneut. »Alle mal herhören«, brüllt er und fliegt einen großen Kreis. »Die Drachen-Geburtsnachts-Party kann jetzt sofort beginnen! Ihr könnt kooo-hooo-meeen!«

Als plötzlich lautes Jubeln aus allen Ecken des Zauberwaldes zu vernehmen ist, nickt Mama Drache zufrieden. Das wurde aber auch höchste Zeit. Die Sonne geht schon unter. Wenn an einem Drachenei erst mal der erste Riss zu erkennen ist, dauert es nämlich genau fünf Komma fünf Stunden, bis das Baby seinen Kopf herausstreckt und seinen ersten Blick auf die Welt wirft.

»Sehr gut«, murmelt sie der Eierschale zu. »Wenn alle da sind, kannst du rauskommen, ja, Baby?«

KRICKSEL, macht das Ei.

Wie gesagt, jede Geburt ist etwas ganz Besonderes, aber weil eine Drachengeburt etwas so Seltenes ist, gilt das komplette Drachen-Geburtsnachts-Fest als einziger riesengroßer Glücksbringer für alle. Deswegen füllt sich jetzt auch der kleine Hof vor der Drachenhöhle. Von überall her kommen die Zauberwaldbewohner, um Glücksbringer und Sachen im Drachenstyle zu verkaufen, zu kaufen, zu tauschen, zu sammeln, zu basteln, zu verschenken und geschenkt zu bekommen. Selbstverständlich sind all diese Dinge grün und haben die Form eines Drachen. Die Zauberwaldbewohner hatten schließlich lange genug Zeit, sich auf die Drachengeburtsnacht vorzubereiten. Und das haben sie getan, wie man sehen kann.

Es wurde gebacken, gehäkelt, gekocht,

geschnitzt und gestrickt. Deswegen gibt es nun überall grüne Schals, Pullover, Topflappen, Taschen, Muffins, Limos, Shakes, Kuchen, Hüte, Krawatten, Ketten, Luftballons, Kuscheltiere, T-Shirts, Zackenmeier und Drachenlutscher.

Während Papa Drache ganz eindeutig für das himmelhohe Freudenfeuer zuständig ist, wuseln die Partygäste um Mama Drache herum, sprechen ihr Mut und Geduld zu, tätscheln vorsichtig das Ei und reservieren sich verschieden große Teile der Dracheneischale. Gewissenhaft notiert der kleine Bär für seinen Freund die Reservierungen in seiner Dracheneischalen-Verteilliste und achtet darauf, dass auch wirklich jeder ein kleines Stück der Original-Drachenei-Glücksschale zugesprochen bekommt.

Nachdem sich alle satt gegessen und getrunken, elf Drachenlieder gesungen und die wildesten Drachentänze um das Freudenfeuer herum getanzt haben, beginnen die Eierschalen-Knackgeräusche endlich, lauter zu werden.

Atemlos vor Spannung scharen sich die Partygäste um das Ei, das bebend und vibrierend auf einem riesigen roten Samtkissen thront, hinter dem Papa, Mama und der kleine Drache stolz Aufstellung genommen haben. Während Ranunkel eilig die letzten Vorbereitungen für

das Drachenbaby-Willkommensfeuerwerk trifft, Frau Taube die letzten Maschen des Drachenbaby-Willkommensschals fertig strickt und der kleine Zauberer hektisch versucht, Papa Zauberers Drachenbaby-Willkommensgeschenk (eine Horde echter Pinguine!) in Plüschtiere zu verzaubern, bringt sich Herr U-Hu-U mit seinem Chor in Position. Sogleich beginnen sie mit einem nervenzerreibenden Schuhuhu-Countdown.

Denn über die Eierschale ziehen sich mittlerweile immer größere Brüche. Krachend und knirschend fräsen sie sich durch die harte Schale.

»Ohhhh«, hauchen die Partygäste.

»Wuhhh«, weint Mama Drache vor Rührung.

»Ist ja gut«, schnieft Papa Drache tapfer.

Und mit einem letzten KRICKZELZIPP zeigen sich die Spuren unzähliger kleiner Risse auf der Oberfläche, die die gesamte Eierschale mit einem Netz aus dunklen Strichen überziehen.

»Ahhh«, machen die Zauberwaldbewohner und weichen ehrfurchtsvoll einen Schritt zurück.

»Schuuuuuuuuh«, jault der Eulenchor in den höchsten Tönen, und der kleine Drache bekommt eine Gänsehaut.

»Pscht«, macht Mama Drache. »Hört!«

Die Gäste spitzen die Ohren. Tatsächlich.

Knupp, macht es, knupp, knupp, knupp, als ob jemand von innen gegen den Deckel des Eis klopft.

»Noch einmal kräftig pressen«, sagt Mama Drache. »Jaaa, so ist es gut.« Da klappt der Deckel plötzlich auf und fällt hinunter.

»Du kannst rauskommen«, säuselt Mama Drache, während ihre Tränen in das Ei tropfen.

»Keine Sorge. Es regnet hier nicht immer«, fügt Papa Drache erklärend hinzu. »Ist nur die Mami. Die heult, weißt du.«

Und der kleine Drache? Was sagt er beim ersten Blick auf sein neues Geschwisterchen?

Nichts.

Denn vor lauter Köpfen, Körpern, Gedrängel und Geschubse hat der kleine Drache auf einmal nicht mehr die geringste Sicht, deswegen hebt er kurzerhand ab und bleibt in der Luft genau über dem Ei stehen. So ist es perfekt.

Kaum hat sich der kleine Drache nämlich in Position gebracht, da reckt das nasse, strubbelige Wesen sein glänzendes Köpfchen aus dem Ei, sieht in den Himmel und schaut seinem großen Bruder geradewegs in die Augen. Und in diesem Moment weiß der kleine Drache, dass das, was seine Mama jetzt zärtlich aus den restlichen Schalen

pult, für immer und ewig sein aller-
liebstes Lieblingsgeschwisterchen
der Welt sein wird.

»Es ist eine Drachin«, hört der
kleine Drache seine Mut-
ter jubeln, als sie das
glibbrige Baby in
die nagelneue
Häkeldecke von
Sürpries gewickelt hat.

»Hurra!« Die Zauberwald-
bewohner applaudieren.

»Yeah!«, schreit der kleine Drache. »Ich bin ein großer Bruder!«

»Cool«, gratuliert ihm der kleine Bär. »Wär ich auch gern.«

»Dukannstjameinersein«, bietet ihm Grennui Grasgrün
großzügig an, »aberdasheißtnatürlichnicht, dass ich au-
tomatischimmerdasmache wasdusagst.«

»Schon klar«, meint der kleine Bär und lacht.

Der kleine Drache landet und umarmt Mama Drache.
Sachte streichelt er dabei seiner kleinen Schwester über
den Kopf.

»Pennt sie etwa?«, fragt er verwundert. »Wo sie doch seit
Jahren in diesem Ei war?!«

»Mhm«, meint Mama Drache und klingt dabei so erschöpft, als wäre sie von dreihundert Einkaufsflügen hintereinander zurückgekehrt. »Zum Glück. Das ändert sich früh genug. Und dann wären wir alle froh, wenn sie mal länger als drei Stunden am Stück schlafen würde.«

Als die Mütter und Väter des Zauberwaldes das hören, nicken sie zustimmend. Ob Drache oder Fuchsjunges, Küken, Lämmchen, Rehkitz, Frischling oder Feenkind, Baby ist Baby, davon können sie nun wirklich alle ein Lied singen.

Und das tun sie dann auch. Es ist das Drachen-Geburtsnachts-Willkommenslied, und weil es in diesem Zauberwald erst zum zweiten Mal gesungen wird, kann leider kaum jemand den richtigen Text. Deshalb kann es hier auch nicht aufgeschrieben werden. Denn außer den Worten *Drachenbaby* und *Willkommen* und *Zauberwald* und *lalala* kommt auch gar nicht viel vor. Aber das stört niemanden, denn alles, was in dieser Nacht wirklich wichtig ist, schläft seelenruhig in Mama Draches starken Armen.

Ende der Geschichte.

Warte!
Ich muss dir noch etwas wegen der Drachenglücksschalenstücke

erzählen. Korrekt und exakt genau nach der Liste vom kleinen Bären hat der kleine Drache am nächsten Morgen, als die Eierschalenreste am Freudenfeuer getrocknet waren, jedem Zauberwaldbewohner seine Bestellung ausgeliefert.

Zwischendurch ist er immer mal wieder am Kinderzimmerfenster seiner kleinen Schwester vorbeigeflogen und hat heimlich drangeklopft.

Ziemlich laut sogar.

Leider ist sie davon nicht aufgewacht.

Langweilig, so eine Babyschwester, hat der kleine Drache gedacht und ist seufzend weitergeflogen.

Zum donnernden Drachenpups, wenn das seine Mama mitgekriegt hätte …!

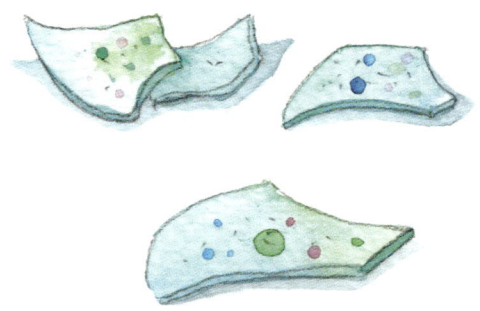

Das ZWFWBW

Habe ich dir schon mal vom ZWFWBW erzählt?

Nein?

Dann wird es aber höchste Zeit. Denn das ZWFWBW ist eines der speziellsten und spannendsten Feste des Zauberwaldes. Es gibt für dieses Ereignis extra zwei ZWFWBW-Beauftragte, die sich um die Organisation und den reibungslosen Ablauf kümmern. Denn beim ZWFWBW muss wirklich alles ganz genau geplant werden. Sonst kann aus dem ZWFWBW schnell ein ZWFWBW werden. Oh, das war ja jetzt zwei Mal dasselbe. Aber nur von den Buchstaben her, nicht vom Sinn. Puh, es wird immer komplizierter statt einfacher.

Lies einfach weiter.

Dann wirst du alles verstehen.

Also pass auf, die Geschichte geht so:

Weißt du, wer Pforte ist? Der verborgene Pforte? Das Chamäleon mit den Seifenblasen in Würfelform?

Er ist der Wächter an der Grenze
vom Zauberwald zum Finsterwald und verkauft dort Ein-
trittskarten im Tausch gegen
Chamäleonwitze.

Neulich war Maluna dort, weil
sie ihre Freundin Pepita Polkapunkt aus den Klauen der Finsterwaldlinge befreien musste, die Pepita unter einem Salatsieb eingesperrt
hatten. Jedenfalls hat Pforte eine Frau, und
beide zusammen bilden das **Z**auber**W**ald-
Finster**W**ald-**B**egegnungs**W**under-Festkomitee.

Jetzt weißt du auch, was die Abkürzung bedeutet.

Weil Pforte und seine Frau so nahe beim Finsterwald woh-
nen, sind sie mit den Jahren zu der festen Überzeugung
gelangt, dass die Monster des Finsterwaldes gar keine so
üblen Kerle sind und man mit ihnen richtig viel Spaß haben kann. Mit dieser Meinung stehen sie jedoch ziemlich
alleine da, weshalb das ZWFWBW auch nur sehr selten
stattfindet. Aber da die Finsterwaldlinge so schrecklich
neugierig sind und die Zauberwaldbewohner so herzlich
freundlich, ist das Fest entgegen aller Bedenken immer
gut besucht.

Dass es wieder mal so weit ist, erfährt man dadurch, dass an der Infotanne mitten im Zauberwald plötzlich zwei riesengroße Plakate hängen, eines hoch oben am Stamm und eines unten an den Wurzeln, die man trotz ihrer Größe erst entdeckt, wenn man entweder dagegenfliegt oder -läuft, so gut sind sie getarnt. Und was steht drauf?

Einladung

zum diesjährigen Zauberwald-
Finsterwald-Begegnungswunder

Ort: Grenze zwischen Zauber- und
Finsterwald

Zeit: von 16–18 Uhr und keine
Sekunde länger

Zu beachten: Kinder nicht
ohne Begleitung

Mitbringen: NICHTS, worüber man in Streit geraten könnte, Geduld, Toleranz (das ist das, wenn man es aushält, dass andere komischer sind als man selbst)

Liebe Zauberwaldmitbewohner,
alles klar? Wie ihr ja sicher wisst, sind unsere Nachbarn im Finsterwald auch nur Leute wie wir, also fast.
Dennoch bewohnen wir ja sozusagen denselben Wald und sind mit der Zeit doch fast so etwas wie richtig gute Freunde geworden.
Durch das gemütliche Beisammensein bei Musik und Gesprächen wollen wir das friedliche Nebeneinander wieder einmal gebührend feiern und uns dabei für die nette Nachbarschaft bedanken. Wer will, natürlich nur.
Damit das ZWFWBW nicht zu einem ZauberWald-FinsterWald-BegegnungsWirrwarr wird, sind wieder mal einige fröhliche Regeln zu beachten.
Und die kommen jetzt:
Möglicherweise ist dem einen oder anderen schon aufgefallen, dass die Finsterwaldlinge nicht zu den geduldigsten und friedfertigsten Gesellen dieses Planeten zählen, deshalb wird angeraten, unsere lieben Nachbarn durch nichts zu reizen, zu ärgern, zu foppen, zu necken, anzustacheln oder herauszufordern.

Und weil die Finsterwaldlinge auch ziemlich schlecht im Verlieren sind, sind Wettkämpfe, Wettraten, Wettbewerbe, Wettlaufen, Wetthüpfen, Wett-Witze-Erzählen und so weiter strengstens verboten.

Wie üblich wird die Big Band »Die Monstersinger« für die musikalische Unterhaltung sorgen. Möglicherweise haben sich die Musiker in den letzten Jahren ja verbessert, wenn nicht, dann solltet ihr dies nicht unbedingt durch Buhen, Pfiffe und Daumen-runter-Zeichen zum Ausdruck bringen. Tipp von meiner Frau: Denkt einfach daran, wie ihr ausgeflippt seid, als eure Kinder euch zum ersten Mal ein Musikstück auf ihrem neuen Instrument vorgespielt haben. Eine solche Begeisterung wäre also echt cool.

Das Festkomitee wünscht allen ein echt gechilltes Begegnungswunder!

Ende, roger, alles paletti!

Euer Pforte und seine Frau auch

Uff.

Ganz schön viel Information für ein einziges Fest.

Doch weil die Zauberwaldbewohner nicht weniger neugierig sind als die Finsterwaldlinge, sieht man am Tag des ZWFWBWs auf beiden Seiten der Grenze eine vergnügte Schar heranspazieren. Für die Kinder ist dieses Fest das spannendste überhaupt, weil man die Monster des Finsterwaldes normalerweise ja gar nicht zu Gesicht bekommt. Das eine oder andere Kind hat sich deswegen auch durchaus schon mal gefragt, ob es sie wirklich gibt oder ob es sich nur um ein Schauermärchen der Eltern handelt.

»Kommen auch Ulmenrumpel?«, will der kleine Drache wissen, der stolz den Kinderwagen mit seiner kleinen Schwester vor sich herfliegt.

»Hmpf«, grummelt Papa Drache. »Wenn sie deine kleine Schwester aufwecken, bring ich sie höchstpersönlich wieder in den Finsterwald zurück. Und zwar in meinem Maul.«

»Toleranz!«, mahnt Mama Drache und kichert leise vor sich hin. Papa Draches Laune hat sich ziemlich verschlechtert, seit er mit dem nächtlichen Drachenbabyfüttern beauftragt worden ist.

»Kommen auch Finstermolche?«, fragt der kleine Bär aufgeregt.

»Hoffentlich nicht«, erwidert Mama Bär. Ihr ist bei der ganzen Sache nicht sonderlich wohl. Sie kennt ihren kleinen Bären und macht sich jetzt schon Sorgen, aus welcher brenzligen Situation sie ihn wohl diesmal retten muss.

»Können wir wohl auch einen Wobbelschrat sehen?«, fragt der kleine Zauberer.
»Keine Ahnung«, erwidert Papa Zauberer. »Ich weiß ja nicht mal, wie ein Schrobbelwat aussieht.«
»Wobbelschrat«, verbessert der kleine Zauberer.
»Noch schlimmer«, erwidert der große Zauberer.
»Toleranz, Papi«, erinnert auch der kleine Zauberer.

»I-i-ich mag keine Gromm-Gromm-Grommelome«, gackert Sürpries.
»Pscht!«, macht die kleine Hexe Ranunkel Krakelei. »Toleranz, hat du schon vergessen?«

Wie du siehst, sind alle Zauberwaldbewohner fest entschlossen, die seltsamen Nachbarn wachsam, mit offenen Armen zu empfangen. Aber als sie an der Grenze zwischen den beiden Wäldern ankommen, ist von den anderen Festgästen noch nicht die kleinste Monsterschwanzspitze zu entdecken.
»Ich hab 'ne andere Uhrzeit auf deren Plakat geschrieben«, verkündet Pforte.

»Damit wir noch ein wenig Zeit haben, uns vorzubereiten«, ergänzt seine Frau, die genau in diesem Moment
ebenfalls aus den Blättern gerauscht kommt. »Also, herhören: Kinder und Hunde an die Leine, weder …«

»He«, murren die Zauberwaldeltern.

»'tschuldigung«, sagt Frau Pforte. »Noch mal: Nicht er-
laubt sind Gespräche über Farben, Fußball, Mode …

»Warum denn das?«, unterbricht sie der kleine Zauberer
und stellt damit genau die Frage, die alle anderen auch
brennend interessiert. »Junge«, ermahnt ihn Pforte, »denk
mal nach. Über Farben kann man streiten, über Fußball
kann man streiten, über Mode kann man streiten, über …«

»Ah so!«, sagen die Zauberwaldbewohner und verfallen dann in brütendes Schweigen. Denn kann man nicht über einfach alles unterschiedlicher Meinung sein? Kann man nicht über einfach alles in Streit geraten? Kann man sich nicht einfach trotzdem miteinander unterhalten? Mit ein wenig …

»*Toleranz* ist das Zauberwort«, benennt in diesem Moment Frau Pforte das Motto. Dann sieht sie auf die Uhr und legt ihren Finger an die Lippen. »Pscht jetzt, sie kommen. Also benehmt euch!«

Die Partygäste seufzen. So kompliziert hätten sie sich ein Nachbarschaftsfest nun wirklich nicht vorgestellt.

»Dürfen wir über unsere Kinder reden?«, fragt Herr Drache noch rasch, denn er hätte eine Menge Fragen, die er gerne mit anderen frischgebackenen Monstervätern besprechen würde.

»Bloß nicht«, zischt Pforte. »Bloß nicht. Die eigenen Kinder sind doch immer die tollsten, oder? Schlafen durch, sprechen Chinesisch, können Seiltanz oder was weiß ich.«

»Meine. Kinder. Nicht«, brummelt Papa Drache und faucht empört. »Sie schlafen auch überhaupt nicht durch. Kein bisschen, deswegen würde ich ja gerne …«

Doch weiter kommt Papa Drache nicht, denn mit einem Mal teilt sich die dichte Wand aus Gestrüpp, Unkraut und

Schlingpflanzen, und die Finsterwaldlinge strömen über die Grenze. Ebenso wie die Zauberwaldbewohner haben auch die Monstereltern ihre Kinder fest an der Hand und betrachten ihre Nachbarn ein ganz kleines bisschen, na, nennen wir es abwartend.

»Sind das die Zauberwaldlinge?«, hört man ein Monsterkind erschrocken fragen. »Die sehen ja gruselig aus.«

»Pscht«, macht seine Mutter. »Ich hab dir doch erklärt, dass man nicht jemanden doof finden darf, nur weil er doof aussieht.«

»Mama, Arm!«, verlangt das Monsterkind trotzdem und wird rasch von seiner Mutter hochgenommen.

»Na, das fängt ja prima an«, ruft Pforte gut gelaunt. »Herzlich willkommen.«

»Hääärz-lich-will-ko-määän«, murmeln die Zauberwaldbewohner lahm, während immer mehr der seltsamen Gestalten über die Grenze treten.

Misstrauisch starren sich die Festbesucher an. Wie soll es denn nun weitergehen, scheinen sie sich zu fragen.

»Na, zumindest sprechen sie unsere Sprache«, verkündet Papa Drache laut. Das ist zwar allen bekannt, aber jeder ist froh, dass überhaupt jemand etwas sagt. »Also, Leute«, redet Papa Drache weiter, »wie geht's euch denn so, kommt rein, kommt rüber, setzen wir uns doch.« Mutig legt er seine Arme um die erstbesten beiden Grummelmolche, oder wie auch immer der Name genau dieser Finsterlinge ist, zieht sie zu einem Felsen und setzt sich. »So«, sagt er und klopft ihnen auf die Schulter, »Freunde, schöne Farbe habt ihr. Äh, nein, nicht Farbe. Öh … Im Fußball habe ich gestern gegen Papa Bär gewonnen, aaach, nein, falsch. Kein Fußball. Also …« Papa Drache hält inne. »Was ist denn euer Lieblingsessen? Also, ich für meinen Teil … nein, auch nicht gut …« Papa Drache denkt nach. »Das Wetter!«, ruft er erleichtert. »Es ist heute, tja, ein Wetter, was? Ein solches Wetter, nicht zu fassen.« Freundlich sieht er seinen Gesprächspartnern ins Gesicht.

»Wetter?«, fragt er unsicher, als er nach einer ganzen Weile immer noch keine Antwort bekommen hat. »Gutes Wetter für euch? Schlechtes Wetter? Egal, ich bin ganz eurer Meinung, egal, was ihr sagt.«

»Prima, Herr Drache, Sie machen das ganz großartig«, lobt Frau Pforte, die aufmerksam wie eine strenge Lehrerin zwischen den Grüppchen herumläuft, um hier und da wertvolle Tipps zur gefahrlosen Laberei zu verteilen.

Da entfährt plötzlich einem der beiden Monster unter Papa Draches Fittichen ein gewaltiges Gähnen. »Uaaaahhhhh!« Auch der zweite kann nicht anders, als so laut zu gähnen, dass es fast schon als Knurren durchgehen könnte.

»Sorry, Kumpel«, entschuldigt sich der eine bei Papa Drache. »Ich hab kaum zugehört, was Sie gesagt haben. Meine Frau hat mich auf das Fest geschleppt, aber eigentlich bin ich zu müde.

Ihm geht es übrigens genauso. Wissen Sie, wir haben beide vor Kurzem ein Monsterbaby bekommen, und ich sag Ihnen … Oh, ups, falsches Thema. Man hat uns gesagt, wir sollen mit euch besser nicht über Kinder sprechen. Okay, aber egal, ich kann nur sagen, so stressig hätte ich es mir nicht vorgestellt!«

»Ich mir auch nicht«, gibt der andere Finsterwaldling zu und gähnt erneut. »Vier Mal war ich heute Nacht auf. VIER Mal. Ich bin fix und fertig.«

Da muss Papa Drache so laut lachen, dass er das Gleichgewicht nicht mehr halten kann und rückwärts von seinem Felsen plumpst.

»Keine Witze-Wettbewerbe«, zischt Frau Pforte mahnend und wedelt streng mit dem Finger. Doch auch bei der nächsten Gruppe muss sie feststellen, dass es offensichtlich gar nicht so dermaßen verzwickt ist, gemeinsame Themen zu finden.

Ranunkel fachsimpelt über Feuerwerks-Bauanleitungen, Mama Bär tauscht Rezepte, die Schwestern Rosarot vereinbaren einen Auslieferservice für rosarote Spezialanfertigungen, Frau Taube erhält einen Auftrag für Monsterschals in allen möglichen gruseligen Farbkombinationen, Foxtrott Fuchs hat sowieso nur Augen für Ranunkel, Papa Zauberer steckt in einem Expertengespräch mit dem Finsterwaldmagier, Papa Bär hat sich mit mehreren finsteren Mitspielern zum Kartenspielen hinter einem Busch versteckt, während Mama Drache über ihrer Tasse Kaffee und einem Gespräch über Bohrmaschinen einfach eingeschlafen ist.

Und die Kinder?

Die tun, was Kinder tun. Halten sich an null Komma null Regeln. Sie spielen einfach miteinander, nebeneinander und gegeneinander. Streiten sich, vertragen sich und haben eine Menge Spaß. Denn kein Kind im Zauberwald kennt Spiele wie *Schrutzmatschen*, *Weffelknöff werfen* oder *Rotzeschnauf pluffen*, während die Kinder des Finsterwaldes ganz begeistert sind von solch total langweiligen Schnarchspielen wie *Verstecken* oder *Fischer, Fischer*.

Als das Zauberwald-Finsterwald-Fest tatsächlich zu einem Begegnungswunder geworden ist, bringt kurz vor Festende die Finsterwald-Band ihre Instrumente in Stellung. Stolz präsentieren die Monstersinger einen Song nach dem anderen. Mit ihren Pfeif-, Blas-, Zupf-, Knirsch- und Brüllinstrumenten aus Dosen, Flaschen, Autoreifen, Ästen und Baumstämmen machen sie einen solchen Krach, dass Mama Drache erschrocken aus dem Schlaf fährt und Papa Drache mit sorgenvoll gerunzelter Stirn versucht, den Kinderwagen mit dem brüllenden Drachenschwesterchen hastig aus der Lärmzone zu fliegen.

»Jetzt haben sie die Kleine doch aufgeweckt«, knurrt Mama Drache, steht auf und wirft funkelnde Blicke in die Runde. »WER WAR DAS?«, faucht sie.

»Ganz ruhig, Frau Drache, wir wollen doch unsere Nachbarn nicht verschrecken, nicht wahr?«, säuselt Frau Pforte und gebietet der Band mit allerlei hektischen Handzeichen, die Beschallung mit Tönen, denn Musik kann man es wirklich nicht nennen, nun einzustellen.

Pforte überpustet die Gesellschaft hastig mit einem Schwall herzförmiger Seifenblasen, um alle von Mama Draches Wutanfall abzulenken. Dann erklärt er das Fest für beendet und scheucht die Finsterwaldlinge über die Grenze zurück.

»Auuf-Wiiieda-seehn!«, rufen die Zauberwaldbewohner zum Abschied und atmen auf. Alles ist gut gegangen. Und Spaß hat es auch noch gemacht.

»Toll gemacht, Leute«, lobt Pforte. »Das nächste ZWF-WBW findet in exakt neunhundertsechsundsiebzig Jahren statt. Bis dahin können wir uns erholen. So viel Toleranz ist echt anstrengend, was?« Pforte bekommt einen Lachanfall und stürzt von seinem Ausziehstuhl in die Walderdbeeren.

Und während sein Körper rote Tupfen bekommt, Papa Drache wie wild mit dem Kinderwagen im Kreis fliegt und niemand bemerkt, dass Papa Bär immer noch mit einer ganzen Horde Wobbelknelchen, Olmenmolchen, Finsterrumpeln und Rechelwurbeln beim Kartenspielen sitzt, toben sich die Zauberwaldkinder auf dem Feenhügel noch so lange beim *Rotzeschnauf pluffen* aus, dass Maluna Mondschein auch heute nicht um einen gewaltigen Schimpfanfall herumkommt.

Ende der Geschichte

Also nur, falls du wissen möchtest, wie Rotzeschnauf pluffen geht, kommt hier die Spielanweisung. Dann kannst du es mit deinen Freunden ausprobieren.
Man bildet zwei Mannschaften mit jeweils fünf Mitgliedern, die Rotzes und die Schnaufs, wobei zwei immer die Augen verbunden haben müssen.
Diese erhalten zu Beginn jeweils drei Pluffs und zwei Schnaufs. Nun wird so lange geplufft und geschnauft, bis die Rotzes zehn Schnaufpluffs haben.
Daraufhin versuchen die Schnaufs, den Rotzes die Schnaufpluffs wieder abzupluffen, bis Gleichstand herrscht. Jetzt wird es spannend. Denn nacheinander müssen die Rotzes nun ihre Schnauf-

pluffs abpluffen oder entschnaufen, je nach Taktik, während die Schnaufs diese verpluffen Schnaufpluffs im Gegenzug rotzen können.

Gewonnen hat derjenige, der sich beim Pluffen am geschicktesten angestellt hat und so jeweils die meisten Rotzes oder Schnaufs auf seine Seite rotzeschnaufen konnte UND mindestens zwei der drei Pluffs, aber ALLE Schnaufs mit verbundenen Augen errotzt hat. Fertig.

Ganz einfach eigentlich.

Und superlustig!

Das Zack-Futsch-Weg!-Fest

Juhuu, endlich kommen wir zum Zack-Futsch-Weg!-Fest. Das ist eines der Zauberwaldfeste, die ich am meisten liebe.

Denn wenn man den Wettbewerb gewinnen möchte, muss man mucksmäuschenstill sein. Und zwar für eine ganze Weile. Und wie findet die kleine, wunderhübsche, blitzgescheite, supersüße Gutenacht-Fee, also ich, das?

Fantastisch finde ich es! Wenn alle Zauberwaldkinder sich zack-weggefutscht haben, dann liegt eine Ruhe über dem Wald, die ist schon beinahe wieder laut!

Ehrlich!

Man hört nämlich plötzlich wieder seine eigenen Gedanken!

Und die Vögel!

Und den Wind!

Und das Rauschen der Blätter!

Und das Blühen der Blumen!

Und das Wachsen der Kirschen. Okay, das Wachsen der Kirschen ist nicht gerade ein schönes Geräusch, flatschmatschgetöse, aber trotzdem.

Doch soll ich dir etwas verraten? Aber du darfst es niiiemals nicht nirgendwie weitererzählen, abgemacht?

Gut, also pass auf:

Nach einer klitzekleinen Zeit himmlischer Ruhe wird es mir plötzlich ganz heimlich unheimlich. So viel Kirschgewachse, Blütengeblühe, Blättergerausche und Windgewehe kann nämlich auch niemand aushalten. Irgendwas fehlt dann. So sturmhageldonnertoswolkenkrachbruchsehr, dass ich jedes Mal doch losfliege, um mitzuhelfen, die weggefutschten Kinder wiederzufinden. Obwohl ich mir immer vornehme, es diesmal nicht zu tun.

Doch wenn nach und nach alle Kinder wieder da sind und das ganze Gelärme wieder von vorne losgeht, dann bin ich ziemlich erleichtert, und mein Herz fühlt sich an wie eine rosarote Zuckerwattewolke.

Aber nur für einen gaaanz kurzen Moment.

Ultrakurz sozusagen.

Schwups, schon wieder vorbei.

Ruhe da unten, nebelplatschnochzwei, sage ich!!!

Habe ich dich neugierig gemacht? Dann los.

Irgendwann zwischen Frühling und Sommer findet im Zauberwald das Zack-Futsch-Weg!-Fest statt.

Im Grunde genommen ist es ein ganz nieselnormales Verkleidefest, bei dem jedes Kind im Zauberwald mitmachen darf. Egal, wie groß oder klein es ist. Doch da liegt gleichzeitig auch das Problem. Denn beim Zack-Futsch-Weg!-Fest gibt es einen Wettbewerb um das beste Kostüm. Und das beste Kostüm ist immer dasjenige, in dem man das verkleidete Kind überhaupt nicht mehr erkennt. Und jetzt kommt's. Beim Zack-Futsch-Weg!-Fest verkleidet man sich nicht als Prinzessin, Pirat oder Clown. Nein! Man verkleidet sich als Zackwegfutschi, ist doch klar. Und weil man all die kleinen Käfer-, Schnecken- und Ameisenkinder schon unverkleidet so gut wie ständig übersieht und man sie als Zackwegfutschi meistens tagelang nicht mehr auftreiben konnte (was ziemlich viele Käfer-, Schnecken- und Ameiseneltern jedes Mal in schreckliche Panik versetzt hat), wurde festgelegt, dass nur teilnehmen darf, wer mit platt gedrücktem Kopfhaar und ohne Hut und ohne hohe Absätze und ohne sich extra zu strecken bis über das erste Astloch der Infotanne reicht.

Und das sind dieses Jahr, wie eigentlich fast immer, exakt drei Kinder: der kleine Bär, der kleine Drache und der kleine Zauberer. Okay, der kleine Drache hat versucht zu schummeln und seine Schwester mit beiden Armen bis über die Markierung gehievt, aber die kleine Hexe musste nur einmal kurz die Stirn runzeln, damit er sie wieder in den Kinderwagen gelegt hat.

Ranunkel Krakelei bildet nämlich dieses Jahr zusammen mit Nike, dem Seefräulein, die Jury.

»Alle Teilnehmer herhören«, ruft sie und stemmt die Arme in die Seite. »Herzlich willkommen beim Zack-Futsch-Weg!-Fest. Alle drei offiziell genehmigten Teilnehmer«, sagt sie und wirft dem kleinen Drachen erneut einen strengen Blick zu, »werden gebeten, sich innerhalb der nächsten Stunde am Ufer des Zauberwaldsees einzufinden. Motto des diesjährigen Wegfutschens ist: Wenn ich den See seh, brauch ich kein Meer mehr.« Doch statt lautem Hurra über dieses sensationell wortspielige Motto, für das die kleine Hexe genau vierzehndreiviertel Tage hat nachdenken müssen, erntet sie nur verständnislose Blicke.

»Hä?«, fragt der kleine Bär.

»Was'n für 'n Meer?«, will der kleine Drache wissen.

»Seesee, Meermeer?«, wiederholt der kleine Zauberer und kratzt sich unter seinem Hut.

»Ähm«, erwidert Ranunkel und wendet sich Hilfe suchend an Sürpries. »Hab ich was Falsches gesagt, oder warum verstehen die das nicht?«, wispert sie.

»Wei-wei-weil es Kinder sind. Keine Phi-Phi-Philosophen«, gackert Sürpries.

»Keine was?«, fragt die kleine Hexe, denn jetzt hat sie kein Wort verstanden.

»I-i-ich erledige das«, sagt das Hexenhuhn und winkt die Kinder zu sich. »A-a-also passt auf. Das Motto ist ganz einfach. Es bedeutet so viel wie: Wenn man einen See-See-See hat, braucht man kein Meer-Meer-Meer mehr. Also jedenfalls nicht unbedingt, kla-kla-klaro? Für euch heißt das nichts weiter al-al-als: Verkleidet euch so, dass man auch weiterhin nur den See sieht, gaaack.«

»Aha«, sagt der kleine Zauberer. »Könnte man aber auch einfacher sagen.«

»Eben«, mault der kleine Drache. »*Motto: Seeblick* zum Beispiel.«

»Oder *Seesicht*«, fällt dem kleinen Bären ein.

»Ist ja dasselbe«, meint der kleine Drache. »Nachsager.«

»Ist es nicht«, protestiert der kleine Bär. »Selber.«

»Wenn schon, dann ist *Seeblick* und *Seesicht* das Gleiche, nicht dasselbe«, erklärt der kleine Zauberer.

»Gar nicht«, rufen der kleine Bär und der kleine Drache im Chor.

»Ruhe jetzt«, schimpft Ranunkel und klemmt sich Sürpries unter den Arm. »Wollt ihr nun mitmachen oder nicht?«

»Ja-wohl, Fräulein Krakelei«, flöten die Teilnehmer und grinsen die kleine Hexe unschuldig an.

»Dann also los, die Zeit läuft«, grummelt Ranunkel und macht auf dem Absatz kehrt. Sie muss dringend mit Nike sprechen. Denn sie persönlich findet ihren Einfall immer noch supergenial.

»Vielleicht kann Nike das als Werbespruch verwenden«, murmelt die kleine Hexe vor sich hin. »Au ja, ich male ihn ihr auf ein Schild.«

»Gu-gu-gute Idee«, gackert Sürpries zufrieden. »Se-se-sehr gute Idee.«

Nachdem das Motto also nun allgemein bekannt gegeben und hoffentlich verstanden wurde, haben es die Kinder plötzlich sehr eilig. Denn jetzt heißt es, innerhalb einer Stunde das passende Wegfutschi-Kostüm zu organisieren. Hastig machen sich deshalb alle auf den Heimweg.

»Wisst ihr schon, als was ihr euch verkleidet?«, fragt der kleine Zauberer im Rennen.

»Ja«, erwidert der kleine Bär, »aber ich sag's nicht, sonst macht ihr mir das ja nach.«

»Gar nicht«, protestiert der kleine Drache, »du bist ja eh nicht groß genug für einen Felsen … ups, jetzt hab ich mich verplappert.«

»Och, kleiner Drache, du spielst IMMER nur Felsen, das ist allmählich langweilig«, schimpft der kleine Bär.

»Na, soll ich mich etwa als Luftmatratze verkleiden?«, lacht der kleine Drache und zieht die Luft ein, bis sein Bauchnabel beinahe am Rücken klebt. »Guck doch mal, flacher krieg ich mich nicht.«

Da müssen der kleine Zauberer und der kleine Bär lachen.

»Bis später!«, rufen sie einander zu und rennen mit allerlei Verkleide-Ideen im Kopf nach Hause.

»Nur keine Hektik«, murmelt der kleine Drache seiner Schwester zu und fliegt pfeifend und in aller Ruhe den Kinderwagen zur Drachenhöhle zurück. Er weiß sowieso schon, dass er sich einfach das riesige graue Bettlaken schnappen und tatsächlich wieder als Felsen gehen wird. Einen Vorteil muss es ja haben, wenn man so riesig ist.

»Und nächstes Jahr kannst du auch mitmachen«, erklärt er seiner Schwester. »Dann gehen wir als Gebirge, abgemacht?«

»Ng, ng, ng«, macht das Drachenbaby, saugt an seinem Schnuller und strahlt.

Nike und Ranunkel haben es sich auf Malunas Schwimmlernfelsen bequem gemacht und erwarten die Teilnehmer,
die pünktlich in allerletzter Minute erscheinen.

»Lasset die Spiele beginnen«, tönt ihnen Ranunkel entgegen, als die drei brav mit ihren zusammengeknüllten
Kostümen unter den Armen näher kommen.

»Mensch, Nunki«, sagt Nike, knufft ihre Freundin in die
Seite und schüttelt vor Lachen die Seefräuleinlocken, dass
es nur so spritzt. »Willst du, dass die Kinder dich wieder
nicht verstehen?«

»Okay, überredet, dann also: Nike und ich machen jetzt
die Augen zu …«

»Nee, ihr müsst sie euch schon zu-
halten«, protestiert der kleine
Bär.

»… halten uns jetzt die Augen zu«, verbessert sich die
kleine Hexe, »und zählen
bis zehn. Dann …«

»Fünfzig!«, rufen der kleine Bär,
der kleine Drache und der kleine
Zauberer.

»Zwanzig«, bietet Nike an.

»Vierzig«, schlägt der kleine Zauberer vor.

»Fünfundzwanzig, mein letztes Angebot«, knurrt Ranunkel.

»Fünfunddreißig, sonst mach ich nicht mit«, sagt der kleine Drache und tapst abwartend mit dem Fuß auf den Boden.

»Okay.« Seufzend gibt sich die kleine Hexe geschlagen. »Aber Nike und ich zählen dafür schnell. Also los geht's. Auf die Plätze, fertig, ZACK! WEG! FUTSCH! Einszweidreivierfünfsechssieben …«

»He, das gilt nicht!«, ruft der kleine Zauberer. »Sürpries soll zählen.«

»Au-au-au ja«, sagt Sürpries entzückt. »Ei-ei-eins, zw-zw-zwei …«

»Na prima.« Nike lacht und drückt Ranunkel an sich. »Auch gut, dann können wir solange ein wenig plaudern.« Grinsend legen die beiden die Hände auf die Augen, während das Hexenhuhn tapfer vor sich hin zählt.

Nachdem der kleine Drache, der kleine Bär und der kleine Zauberer Ranunkel und Nike kräftig die Zunge rausstrecken, um sich davon zu überzeugen, dass die beiden wirklich nicht spicken, flitzen die drei Kinder auch schon, so schnell sie können, davon.

Jetzt heißt es, das beste Versteck für die Tarnungsverkleidung zu finden. Denn Zack-Futsch-Weg! bedeutet genau das: so gut es geht in seiner Verkleidung mit der Umgebung zu verschmelzen. Quasi, als wäre man plötzlich zack, futsch und weg.

Der kleine Drache schleicht sich geschickt und wirklich fast lautlos von hinten direkt an den Schwimmlernfelsen heran, auf dem die Jury mit zugehaltenen Augen sitzt und redet. Für Sürpries macht er hektische Pscht-Verrate-mich-nicht-Zeichen und schüttelt dabei wie wild den Kopf. Sürpries nickt wissend und gackert nur einmal zu viel, was aber bei so komplizierten Zahlen wie »ei-ei-ein-undga-ga-gackzwan-zwan-zwan-ga-zig-zig-zig-ga-gack« wirklich nicht weiter auffällt.

Mit einem einzigen flapp! hat der kleine Drache das Bett-tuch über sich ausgebreitet und kauert sich, so klein es geht, zusammen. Er hält mucksmäuschenstill. Von ihm aus könnte das Huhn noch ewig weiterzählen, denn das, was Ranunkel und Nike zu besprechen haben, ist wahrlich äußerst interessant.

Doch gucken wir einfach mal, was der kleine Zauberer und der kleine Bär sich ausgedacht haben.

Diesmal hat der kleine Bär beschlossen, einen Baum zu spielen. Dafür stülpt er sich einen Weidenkorb über den Kopf und steckt dann von außen unzählige Äste hinein.

Seine Arme presst er an den Körper, zieht den moggeligen Plumperbauch ein und stellt seine Pfoten ganz eng aneinander. Wenn der kleine Bär sich nicht allzu sehr bewegt, sieht er tatsächlich aus wie ein kurzer, knubbeliger Kugelbaum.

Der kleine Zauberer könnte natürlich leicht schummeln und sich tatsächlich in eine Luftmatratze oder ein Schlauchboot verzaubern, aber das wäre schließlich echt unfair. Also hat er beschlossen, sich dieses Jahr mal einen Spaß zu erlauben, und schon vor Tagen ein ganz besonderes Kostüm vorbereitet, ganz egal, welches Motto sich die Jury ausdenken würde. Er sucht sich also rasch eine geeignete Stelle und beginnt, jede Menge Stöcke, Stangen und Bretter in den Boden zu stecken. Dazu stellt

er vier Gummistiefel von Papa Zauberer und bedeckt seine wackelige Konstruktion dann mit einem großen grauen Stofftuch. Das Ganze geht wie der Blitz, denn der kleine Zauberer hat den Aufbau seines Wegfutschis zu Hause schon etliche Male geübt. Er braucht jetzt nur noch ein bisschen hier zu zupfen, ein wenig dort zu zerren, ein paar Falten glatt zu streichen, und schon kann der kleine Zauberer hinter seinem …?

Na? Erkennst du, was es sein soll?

… genau, hinter seinem Elefanten in Deckung gehen. Und zwar auf den letzten Drücker, denn kaum zu glauben, aber Sürpries hat sich wacker durch die Zahlen gegackert und kommt gerade zur …

»Fü-fü-fünf-u-u-und-gack-gaaaa!«, macht Sürpries, »drei-drei-drei-ßiiiggg, gack. Fertig!«

»Eins, zwei, drei, vier, weg sein, alles muss versteckt sein«, ruft Ranunkel, und Nike ergänzt: »Fünf, sechs, sieben, weggeblieben …«

»… acht, neun, zehn, wir könn' euch nicht sehn«, singt Ranunkel.

»Zack-Futsch-Weg! Wir ko-hoom-men«, rufen beide und nehmen die Hände von den Augen.

»Ui«, japst Nike vor Erstaunen. »Niemand da.« Suchend sieht sie sich um. »Sie sind wirklich …«

»Zack, futsch, weg!«, ruft Ranunkel und springt auf. »Tatsächlich. Hurra.« Die kleine Hexe klatscht in die Hände.

»Hör mal. Diese Stille! Kein Kindergeplapper, kein Geschreie, kein Gezanke. Weißt du was, wir sollten sie noch eine ganze Weile nicht finden!«

»Oh, Nunki!« Nike knufft ihre Freundin in die Seite. »Jetzt redest du ja schon wie Maluna. Keine Sorge, Kinder, wir kommen euch jetzt suchen.«

Genau dies ist auch der Moment, an dem es die kleine Gutenacht-Fee nicht mehr aushält. Fünfunddreißig von Sürpries gegackerte Versteckesekunden, und Maluna Mondschein vermisst die Kinder, ist das zu fassen. Ja, das dürfen wir tatsächlich niemandem weitererzählen. Seht mal, da ist sie ja auch schon und sitzt grinsend und mucksmäuschenstill mitten auf dem Elefantenrücken.

»Da ist Maluna«, wispert Ranunkel und deutet auf den Elefanten.

Nike nickt. »Hab sie auch gerade entdeckt. Sie sitzt übrigens auf einem Elefanten.«

»Stimmt«, meint Ranunkel, »jetzt, wo du's sagst. Komisch, er ist mir hier noch überhaupt
nie aufgefallen.«

Nike nickt nachdenklich.

»Und wenn ich es recht bedenke, sag mal, war dort hinten schon immer so ein dicker Knubbelbaum?«

»Ja«, sagt die kleine Hexe und rennt los. »Ich glaube schon, aber ich kann ja mal versuchen, ihn zu kitzeln.«

»Gut, mach das.« Nike kichert leise. »Dann mache ich dasselbe mit dem großen Felsen genau hinter uns. Der sieht nämlich jetzt schon so aus, als ob er gleich einen Riesenlachanfall bekommen würde.«

Ja, wirklich, der kleine Drache muss unter seiner Felsverkleidung so sehr kichern, dass es aussieht, als ob er ein Privaterdbeben veranstaltet.

»Kitzelhände ausfahren!«, ruft die kleine Hexe und gräbt ihre Finger in die knubbelige Mitte des Baumstamms, während Nike ihre Hände federleicht an dem bebenden Felsbrocken entlangkrabbeln lässt.

Unter lautem Lachen befreien sich der kleine Bär und der kleine Drache von ihren Kostümen, und Maluna flattert rasch in einen Baum, um sich dort vor den neugierigen Blicken der Kinder zu verstecken.

»Fabelhaft«, lobt Ranunkel. »Ihr wart sensationelle Wegfutschis. Einfach prima. Jetzt müssen wir noch den kleinen Zauberer finden.«

»Aber da ist er doch«, ruft der kleine Drache und deutet auf den Elefanten.

»Nö«, sagt Ranunkel. »Das ist ein Elefant. Den kleinen Zauberer kann ich nirgends entdecken. Kleiner Zauberer!«, ruft sie laut. »Nike, siehst du ihn?«

Nike lacht. » Frag doch mal den Elefanten«, schlägt sie vor.

»Ich weiß was Besseres«, sagt Ranunkel und legt den Finger auf die Lippen. »Wir schleichen uns an«, flüstert sie dem kleinen Bären und dem kleinen Drachen zu. »Und dann kitzeln wir ihn. Auf mein Kommando – los!«

»Aufhören!«, japst der kleine Zauberer, während die wackelige Elefantenkonstruktion klappernd in sich zusammenfällt. Er kichert, bis er kaum mehr Luft bekommt. »Sofort aufhören!«

»Und wer hat jetzt gewonnen?«, will der kleine Drache wissen.

»Hm«, Ranunkel überlegt. »Was meinst du?«, fragt sie ihre Freundin.

»Tja«, antwortet Nike. »Äh … also, ich glaube, ich muss mal kurz tauchen gehen.«

»Halt, hiergeblieben«, protestiert Ranunkel. »Mitgezählt, mitgewählt!«

»Wow«, Nike nickt, »also, unsere kleine Hexe hier kann ja vielleicht doll mit Sprache umgehen!«

Ranunkel wird rot und steckt sich vor lauter Verlegenheit

über dieses Kompliment beide Hände in die Wasserball-frisur.

»Suchst du was da drin?«, fragt Nike und fällt vor Lachen beinahe von ihrem Stein.

»Also wer jetzt?«, drängelt der kleine Bär.

»Ah, okay«, sagt Nike. »Warte, ich muss nachdenken. Also«, sagt sie nach einer Weile, »das Motto war ja die Sache mit dem genialen Spruch von Ranunkel. Meer und See, und kein Meer, aber dafür See, und wenn man das eine sieht, braucht man das andere nicht anzugucken, und freie See-sicht und so weiter. Da kommt jetzt aber irgendwie nicht Afrika drin vor, deswegen ist der kleine Zauberer raus. Tut mir leid.«

»Ach, nicht schlimm«, sagt der kleine Zauberer, der damit ja sowieso schon gerechnet hat.

»Aber du kriegst einen Sonderpreis. Für den überraschendsten Futschweg-Einfall aller Zeiten.«

Feierlich übereicht Nike dem kleinen Zauberer eine kleine Muschel. Das Perlmutt schimmert hellrosafarben im Sonnenlicht.

»Oh, danke, Seefräulein«, haucht der kleine Zauberer und strahlt.

»So, jetzt aber, er oder ich?«, fragt der kleine Drache und deutet auf seinen Freund.

»Nun, also sagen wir so … Eure Verkleidungen haben jetzt auch nicht sooo sehr doll was mit dem See-Thema zu tun, aber irgendwie wäre es ja auch schwierig gewesen. Eine Ente in Drachengröße wäre bestimmt sofort aufgefallen. Und weil der kleine Bär ja immer noch nicht schwimmen kann …«, Nike sieht den kleinen Bären streng an, »… dieses Jahr lernst du es, abgemacht? Deshalb gewinnt ihr beide jeder den halben Preis.«

»Jaaa!« Der kleine Drache und der kleine Bär schlagen sich jubelnd ab. Der halbe Preis ist besser als gar keiner, das finden beide aber so was von!

»Hier«, Ranunkel zieht einen Schokoladenkeks aus ihrer Schürzentasche und bricht ihn in zwei Stücke. »Halber Preis für dich, halber Preis für dich.« Dann holt sie einen weiteren Keks heraus, bricht ihn abermals in zwei Hälften

und verteilt auch diese zwischen den beiden Gewinnern. »So, fertig.«

Der kleine Drache und der kleine Bär betrachten die beiden Kekshälften in ihren Händen, und man kann an ihren gerunzelten Stirnen sehen, dass sie scharf nachdenken.

»Da«, sagt der kleine Drache und reicht dem kleinen Zauberer eine Hälfte seines Schokokekses.

»Da«, sagt der kleine Bär und reicht Sürpries eine von seinen Hälften.

»Da«, sagt die kleine Hexe, greift in ihre Schürze und gibt Nike einen Keks. »Jetzt hab ich keinen mehr.«

»Da«, sagt Nike, bricht ihr Plätzchen in der Mitte durch und schenkt Ranunkel eine Hälfte zurück. Dann verteilt sie eine Perlmuttmuschel an alle, die noch keine bekommen haben.

»Prima«, sagt das Seefräulein zufrieden. »Hat jetzt jeder einen halben Preis und einen ganzen Trostpreis?«

»Jaaa«, rufen alle und verspeisen dann gemeinsam ihren Gewinn.

»Und ich?«, murrt Maluna Mondschein auf ihrem Beobachtungsast, während ihr Bauch vor Schokoladenkekshunger schon anfängt zu knurren.

Da schlendert Ranunkel unauffällig zum Baum hinüber und reicht ihrer kleinen Feenfreundin einen wunderbar köstlichen Riesenkrümel nach oben.

Ende der Geschichte

Stopp, hiergeblieben. Noch nicht zuklappen. Es kommt doch noch was.

Aha, es ist die Bastelanleitung für die Felsverkleidung.

Oh nein, ich bin mir nicht sicher, ob du sie schon verstehst. Das Ganze klingt höllisch kompliziert. Nein, nein, wahrscheinlich bist du dazu doch noch zu klein.

Wir machen es so: Du kannst dir die Anleitung ja einfach mal anhören, und das mit dem Nachbasteln verschiebst du einfach noch ein paar Jahre.

Du brauchst also ein Stück Stoff, das groß genug ist, dich komplett zu bedecken. Diesen Stoff musst du dann grau anmalen. Hier und da ein wenig heller, hier und da ein wenig dunkler, vielleicht noch ein bisschen Moos hierhin und ein bisschen Schnee dorthin zeichnen, je nachdem, für welche Art Felsen du dich entscheidest. Dann schlüpfst du unter das Tuch und lässt Ellenbogen, Knie und Popo in irgendwie seltsamen Winkeln abstehen. So wirkt der Stein richtig echt.

Fertig.

Was? Du sagst, das war ja wohl überhaupt nicht schwierig?

Drachenbabyleicht sozusagen?

Stimmt.

Reingelegt.

Was du allerdings wirklich brauchst, ist jede Menge Farbe. Vielleicht machst du deshalb für den Anfang erst mal eine Steinverkleidung für eines deiner Kuscheltiere oder eine deiner Puppen.

Hochzeit im Zauberwald!

Oh, jetzt kommt was fürs Herz.

Eine Hochzeit!

Ich liiieeebe Hochzeiten.

Da gibt es nämlich Hochzeitstorte. Und was ist auf einer ordentlichen Hochzeitstorte obendrauf? Das Hochzeitspaar in Marzipan. Und zwar zuckersüß und handgemacht und quietschepink von den Schwestern Rosarot höchstpersönlich.

Wenn niemand guckt, schaufele ich mir so viel Torte und Marzipanhochzeitspaarstücke in meinen Rucksack, wie es nur geht. Weißt du, was mein Lieblingsgeburtstagskuchen ist? Flotschklumpenbröckeltorte.

Lecker.

Es ist nämlich total egal, ob die Flotschklumpen aus Hochzeitstorte oder Geburtstagskuchen zusammengebröckelt sind.

Überhaupt nicht egal, sondern ganz furchtbar wichtig ist ja, wer hier eigentlich wen heiratet.

Komm mit, ich zeig es dir.

Eines schönen Morgens im Frühling liegt über dem Zauberwald eine betörende Duftwolke, die sich wie eine leichte Sommerbrise immer weiter ausbreitet. Über Nacht haben Millionen von Maiglöckchen ihre Blütenkelche geöffnet, wie auf ein geheimes Kommando, alle gemeinsam.

Die meisten Zauberwaldbewohner genießen diesen wunderbaren Geruch so sehr, dass sie versuchen, ihn irgendwie einzufangen. Mit der Zeit hat sich herausgestellt, dass sich der Duft der Maiglöckchen am längsten in der Wäsche hält. Deshalb werden am Maiglöckchenblüten-Tag kreuz und quer durch den Zauberwald fleißig Wäscheleinen gespannt, an denen nach kurzer Zeit alles baumelt, was die Zauberwaldbewohner in ihren Wäschekommoden und Kleiderschränken finden.

Auch Familie Fledermaus mit ihren

achthundertachtundachtzig Verwandten, die sich der Einfachheit halber alle gleich komplett kopfüber zum Beduften an die Leine hängen.

Doch mit dem Maiglöckchenblüten-Tag hat es noch etwas anderes auf sich.

Wer jemanden heiraten möchte, muss an diesem speziellen Morgen ein riesiges Knäuel aus einem federleichten blauen Seidenband entrollen. Das Ende des Bandes hält man fest, während man den Anfang in den Frühlingswind wirft. Der Wind trägt das Band flatternd durch die Lüfte, folgt dem Maiglöckchenduft quer durch den Zauberwald und wieder zurück, bis er das Band irgendwann dem richtigen Empfänger vor die Füße weht. Derjenige bückt sich, macht einen verliebten Freudenjauchzer (vorausgesetzt natürlich, er möchte überhaupt geheiratet werden und

kann sich denken, wer das andere Ende des Bandes in der Hand hält) und beginnt mit dem Aufwickeln.

In unserer Geschichte wird das blaue Frühlingsband Bobsi Biber vor die Füße geweht.

Er ist gerade dabei, seine Lungen voll mit Maiglöckchenduft zu pumpen, während er vor seinem Bau Kniebeugen macht und gleichzeitig Zähne putzt. Heute müssen jede Menge Baumstämme spitz genagt werden, und mit Maiglöckchenenergie und sauberen Zähnen geht das gleich noch mal so gut.

»Oh«, sagt Bobsi Biber also und bückt sich zu dem Band hinunter, das ihm so unvermittelt vor die Füße geweht ist. Nun wollen wir hoffen, dass sein »Oh« sich noch entschließt, ein »Oh, hurra« zu werden, und nicht zu einem »Oh, nein« wird.

»Scho wasch, isch werde heiraten«, nuschelt er und spuckt die Zahnbürste aus.

Und dann hören wir ihn auch endlich.

Den Jubeljuchzer.

»Jipp, hurraaa!«, brüllt Bobsi Biber und beginnt loszu-

laufen. Immer dem Band nach. Und je länger er unterwegs ist, desto größer wird das Knäuel, das er aufwickelt. »Da bin ich aber mal gespannt …«, murmelt er beim Laufen, »… wer mich da wohl heiraten möchte?«

Natürlich hat Bobsi Biber eine sehr genaue Vorstellung davon, wer ihm dieses Band geschickt hat, aber da die Dinge ja manchmal auch schiefgehen können, hat er jetzt gewaltiges Herzklopfen. Inzwischen hat Bobsi so viel von dem Band aufgewickelt, dass er kaum mehr sieht, wo er hintritt. Also tapst der Biber irgendwann blind vor Frühlingsbändelknäuel direkt in die Arme von …

»Bolle!« Bobsi wirft glücklich das Band in den Wind. Der schnappt sich das blaue Knäuel, wirbelt es hoch in die Luft, wo es sich weit oben am Himmel zu einem wunderschönen, großen Herz formt.

Jetzt kann es der ganze Zauberwald sehen. Heute ist nicht nur Maiglöckchenblüten-Tag, sondern es wird auch eine Hochzeit gefeiert.

»Bobsi!«, ruft jetzt Bolle und drückt Bobsi fest an sich. Dann macht er einen Rückwärtssalto und drückt ihn wieder. Anschließend hopsen beide im Kreis und fallen sich erneut in die Arme.

»Sollen wir uns heiraten?«, fragt Bolle sicherheitshalber, damit auch alles ganz klar ist.

»Aber sicher«, erwidert Bobsi und strahlt. »Und ich dachte schon, du schickst das blaue Band nie los.«

»Da bin ich aber froh«, jubelt Bolle. »Denn ich dachte schon, du rollst es vielleicht nicht auf.«

Und während die beiden nicht müde werden, sich zu versichern, wie gern sie das Band losgeschickt und aufgerollt haben, gehen im Zauberwald schon die ersten Hochzeitsvorbereitungen los. Denn wenn die Maisonne am höchsten steht, verändert das blaue Band am Himmel abermals seine Form und bildet einen riesigen Pfeil, der den Ort für das Fest anzeigt.

Als alle Gäste zusammengekommen sind, wird eine lange Gasse für das Hochzeitspaar gebildet. Das flatternde Band formt sich zu einem großen Tor, und am anderen Ende nimmt Papa Zauberer Aufstellung. Herr U-Hu-U klopft mit seinem Taktstock und lässt seinen Vogelhochzeitschor in den lautesten Tönen tirilieren. Gleichzeitig beginnt das Band erwartungsvoll Funken zu sprühen, während die Gäste fröhlich mit ihren blauen Geschenken winken. Denn da kommen sie. Hand in Hand, Bolle und Bobsi Biber. Sie stecken in den himmelblauen Hochzeitshosen mit den hundert Taschen für die

Geschenke und treten feierlich durch die Funken des Maibands. Dann schreiten sie bis über beide Biberbacken strahlend durch die Gasse, wo sie beklatscht und mit Maiglöckchenblütenblätterkonfetti beworfen werden.

»Ein Hoch auf Bolle und Bobsi Biber!«, ruft Papa Zauberer, als die beiden verlegen grinsend vor ihm stehen.

Da der große Zauberer der Einzige ist, der einen halbwegs feierlichen Hut besitzt (außer dem kleinen Zauberer natürlich), ist die Wahl für den Verheirater irgendwann einmal auf ihn gefallen.

Und Papa Zauberer nimmt das sehr ernst.

Deswegen wissen Bolle und Bobsi auch bereits, was auf sie zukommt. Das Schwierigste an der ganzen Hochzeitssache kommt nämlich erst noch. Denn wer die Fragen des Verheiraters nicht so beantworten kann, dass der zufrieden ist, kriegt keinen Stempel. Und wer keinen Stempel kriegt, der kriegt, na ja, eben keinen Stempel. Und das ist ungefähr so, als ob ein Brautpaar in der Menschenwelt keine Ringe tauschen darf, weil es, sagen wir, nicht schön genug gesungen hat.

»Sei nicht so streng, Papa«, flüstert der kleine Zauberer seinem Vater zu. »Sonst trauen sie sich nicht.«

»Ach, plapperlaklapp, Sohn«, sagt Papa Zauberer. »Das wird schon plappen, äh, klappen.« Dann holt er tief Luft, streicht sich über einen unsichtbaren Bart und sagt: »Meine Herren, ihr habt euch jetzt also hier hingestellt in euren himmelblauen Hunderttaschenhochzeitshosen und wollt euch verpfählen, äh, vermählen. Aber ihr wisst ja, vor dem großen Kuss gibt es das große Muss. Also, mal überlegen, hrem, hrem, hrem …« Papa Zauberer macht eine Kunstpause. Drei Fragen sind es, die er jetzt gleich stellen wird.

»Frage eins«, sagt er und wendet sich an Bolle Biber, weil immer zuerst derjenige gefragt wird, der das Band geschickt hat. »Bolle, sag mir EINEN guten Grund, warum es für Bobsi nicht besser wäre, weiterhin alleine in seinem Bau zu leben, wo er pupsen und nasebohren und die Miefsocken genau dort fallen lassen kann, wo er sie ausgezogen hat.«

»Das machst du?«, fragt Bolle statt einer Antwort und wirft Bobsi einen überraschten Blick zu.

Bobsi nickt verschämt.

Ein Raunen geht durch die Hochzeitsgäste. Was, wenn Bolle dem Verheirater jetzt eine echt miese Antwort gibt? Bobsi bekommt vor Aufregung einen Schluckauf.

»Aaalso …«, wendet sich Bolle an den großen Zauberer. »Wenn das sooo ist … hm.«

»Papa«, zischt der kleine Zauberer, »siehst du? Ich hab doch gesagt, du sollst es nicht so schwer machen.«

»Keine Sorge«, wispert der große Zauberer hinter vorgehaltener Hand. »Bolle kommt die Liebe schon zu den Ohren raus. Er lässt sich nicht von Stinkesocken abhalten.«

»Aaalso«, fängt Bolle erneut an. Dann knufft er Bobsi in die Seite und sagt: »Mein Grund ist, dass Pupsen, Nasebohren und Miefsockenverteilen zu zweit viiieeel mehr Spaß macht als alleine.«

Hurra! Die Hochzeitsgäste klatschen erleichtert. Diese Antwort muss der Verheirater einfach gelten lassen.

»Gut.« Der große Zauberer nickt gnädig. »Dann bist jetzt du dran. Frage zwei. Bobsi, sag mir EINEN guten Grund, warum du dir von Bolle die Vorräte wegmampfen lassen, beim Schlafen die Bettdecke wegziehen und die Zahnseide verbrauchen lassen möchtest?«

»Oh«, sagt Bobsi und schweigt betroffen. Hicks, macht er nach einer Weile.

Wieder halten die Zuschauer den Atem an. Was soll einem dazu nur einfallen?

Hicks, macht Bobsi erneut.

»He, nun sag schon.« Bolle runzelt besorgt die Stirn.

»Ich, hicks, äh, also, wenn ich es mir recht überlege …«, stößt Bobsi endlich hervor. Besorgt treten die Zuschauer näher. Kann es wirklich sein, dass Bobsi es sich doch noch anders überlegt?

Doch da hält es Bobsi nicht länger aus. »Weil ich, hicks, das mit niemandem lie-hicks-ber teile als mit diesem Bi-hicks-ber«, ruft er und schluckauft und lacht gleichzeitig. Die Hochzeitsgäste jubeln. Jetzt sind sie sich fast absolut sicher, dass sie ihre blauen Geschenke nachher auch wirklich alle loswerden.

Doch eine Frage bleibt noch.

»Ruhe bitte. Hier kommt Frage drei. Meine Herren, wer möchte den Stempel zuerst?«, fragt der große Zauberer und blickt listig von einem zum anderen.

»Er!«, rufen die beiden Biber wie aus einem Mund und deuten jeweils auf den anderen.

»Wow«, sagt Papa Zauberer und zwinkert seinem Sohn zu. »Siehst du«, raunt er, »wahre Liebe.«

Dann holt der Zauberer den großen Hochzeitsstempel hervor, drückt ihn kräftig in das leuchtend blaue Stempelkissen und beginnt, beide Biber in solch einer Windeseile von oben bis unten zu bestempeln, bis kaum ein Fleckchen braunes Fell mehr zu sehen ist.

»Das dürfte für alle Ewigkeiten genügen«, ruft er lachend, und Herr U-Hu-Us Kapelle spielt einen Tusch. Und dann beginnen die Hochzeitsgäste damit, die hundert Taschen von Bolle und Bobsi Bibers himmelblauen Hochzeitshosen mit ihren Geschenken zu füllen.

»Bohrst du wirklich pupsend in der Nase?«, hört man Bolle fragen, als die beiden Hand in Hand nach Hause laufen.

»Frisst du wirklich den Kühlschrank leer?«, möchte Bobsi wissen.

»Klar«, antworten beide gleichzeitig.

»Ach, die Liebe ist was Wunderbares«, sagt Papa Zauberer lächelnd und drückt den kleinen Zauberer fest an sich.

Ende der Geschichte

Ja, ja, ja, ich weiß, was du sagen willst. Ich habe kein Wort über die Hochzeitstorte verloren.

Stimmt. Es gab nämlich keine. Bolle hatte vergessen, sie in Auftrag zu geben. Tja. Da kann man wohl nichts machen.

Aber wo wir schon mal dabei sind, willst du wissen, was ich am Maiglöckchenblüten-Tag immer mache? Egal, ob geheiratet worden ist oder nicht?

Ich hole mir ein Stückchen Frühling in mein Feennest. Natürlich hänge ich auch all meine weißen Kleidchen in den Blütenduft, aber ein kleines Maiglöckchensträußchen auf dem Tisch neben meinem Lesesessel ist das allerbeste Frühlingsgeschenk der Welt.

Ich habe eine kugelrunde, durchsichtige Vase. Die fülle ich mit Wasser, logisch. Aber war dir klar, dass Maiglöckchen blaues Wasser lieben? Sie finden, es passt so gut zu ihren grünen Blättern und den weißen Blüten.

Woher ich das weiß?

Haben sie mir erzählt.

Leider ist Wasser aber nicht blau, wenn es aus dem Hahn kommt.

Deshalb färbe ich es mit ein paar Tropfen königsblauer Tinte.

Soll ich dir verraten, was die Blumen mir noch erzählt haben?

Dass sie sehr, sehr giftig sind. Man muss sich nach dem Pflücken immer gleich die Hände waschen. Komisch eigentlich, dass etwas so Hübsches gleichzeitig so gefährlich sein kann.

Obwohl … das erinnert mich ja ganz an mich selber, als ich don-nergrollgruselig die Finsterwaldmonster in die Flucht geschlagen habe, um Pepita zu retten, urrrurgläääähhh!

Tag der 1. Male

Tag der 1. Male.

Tag der 1. Male …

Hm, klingt seltsam, was?

Das denkt jeder, wenn er es zum ersten Mal hört.

Oh, hoppla, da war ja gleich das erste 1. Mal dieser Geschichte.

Glückwunsch! Du hattest gerade auch einen 1.-Mal-Moment.

Siehst du, so etwas gibt es nicht nur im Zauberwald.

Kannst du dich zum Beispiel noch daran erinnern, wie es war, als du das 1. Mal Schnee gesehen hast?

Oder das 1. Mal etwas ausspucken musstest, weil es so scheußlich geschmeckt hat?

Oder zum 1. Mal alleine Fahrrad fahren konntest?

Jeder Mensch in der Menschenwelt und jeder Bewohner des Zauberwaldes hat solche ganz wichtigen 1.-Mal-Momente in seinem Herzen.

Leider vergisst man sie alle naselang, ständig und dauernd.

Deswegen gibt es bei uns im geheimnisvollen Zauberwald den Tag der 1. Male. An diesem Tag sieht man im Zauberwald alle

Bewohner mit einem großen durchsichtigen Gefäß herumlaufen. Je nach Größe und Geschmack des Trägers ist es bauchig oder schlank, riesig oder winzig, beulig oder glatt, geriffelt oder klar. Es wird mit einem Korken verschlossen und ist immer aus Glas. Und alle diese Gläser sind mundgeblasen

vom Glasbläser Meister Prallbacke persönlich. In diesen Gefäßen sammeln wir unsere 1. Male.

Während wir an diesem Tag mit unseren 1.-Mal-Behältern unterwegs sind, fallen uns ständig weitere 1. Male ein, die wir schon längst vergessen hatten. Die schreibt man dann auf einen kleinen 1.-Mal-Zettel (die kann man fix und fertig beschriftet bei den Schwestern Rosarot kaufen), faltet ihn ganz klein zusammen und steckt ihn in das Glas und sowas steht zum Beispiel drauf:

Ich weiß noch ganz genau, wie ich zum 1. Mal …
Heute habe ich zum 1. Mal …
Im letzten Jahr habe ich zum 1. Mal …
Mein(e) _____ hat zum 1. Mal …

Außerdem unterhält man sich mit jedem, den man trifft, über die 1.-Mal-Momente des letzten Jahres. Und natürlich gibt es auch immer wieder jemanden, der an diesem Tag etwas zum allerersten Mal erlebt.

Und das sehen wir uns jetzt an.

Kommst du mit?

Maluna und ihre Feenfreundinnen haben es sich auf Malunas Dachterrasse gemütlich gemacht. Mit ihren 1.-Mal-Gläsern im Schoß sitzen sie im großen Vogelnest zusammen. Es gibt jede Menge lila Limonade, Gummi-schlangen, Brauseigel und Pengbongs. Außerdem haben sich alle Feen mit Malunas Haarkreide regenbogenbunte Streifen in die Frisuren gemalt.

»Können wir nachher auch aufschreiben«, meint Pepita und bewundert sich in einem Handspiegel. »Heute zum 1. Mal Haarkreide verwendet.«

Die anderen Feen nicken zustimmend und reichen den Spiegel weiter. Die kleine Zahnfee fischt einen rosa Zettel aus ihrem Glas, faltet ihn auseinander und liest, was darauf geschrieben steht.

»Oh«, ruft sie, »das war vielleicht was!« Und dann erzählt sie, wie sie den allerersten ausgefallenen Zahn vom kleinen Drachen abholen musste und ihn beinahe nicht tragen konnte, weil er unheimlich schwer war und rein überhaupt nicht in ihren Zahntransportbeutel passte.

Die übrigen Feen bekommen bei der lustigen Beschreibung, wie der winzigen Zahnfee beim Heimflug immer wieder der Drachenzahn aus der Tasche plumpste, einen Lachanfall nach dem anderen, als sich plötzlich unter das Gekicher ein leises Rufen mischt.

»Pscht, habt ihr das auch gehört?«, fragt Aurea Goldgefunkel, die Fee für alles Glänzende, und hält sich den Finger vor die Lippen.

»Wuag geng?«, fragt Pepita Polkapunkt, weil in ihrem Mund gerade ein Pengbong explodiert ist.

»Da, schon wieder«, ruft Aurea und deutet vage in den Wald.

»Mach mal den Mund zu, du knisterst«, fordert Maluna ihre Freundin auf, und dann lauschen die Feen gemeinsam in Richtung des seltsamen Geräusches.

»Hallo? Hört mich jemand?«, wispert es jetzt deutlicher.

»Jetzt habe ich es auch gehört«, ruft Cintilla Funkentanz, die kleine Feuerfee.

Aufgeregt springen die Feen auf.

»Mir nach«, ruft Maluna. »Ich weiß, wo das herkommt.« Die kleine Gutenacht-Fee kann zwar im Dunkeln kaum etwas sehen, aber ihr Ziel findet sie immer. Die Feen heben ab und schwirren in den Wald. Maluna ist sich ganz sicher. Sie müssen geradewegs …

»… zur alten Knorre. Los!«, kommandiert Maluna nach einer Weile und biegt scharf rechts ab.

Die alten Knorre ist ein buckliger, längst abgestorbener Baum, dessen blattlose Äste wie gruselig knochige Hexenfinger in die Gegend ragen. Bei Tag sieht die alte Knorre aus wie ein Kunstwerk aus gepusteten Farbtropfen, bei Nacht erschrecken sich sogar die Erwachsenen vor ihrem unheimlichen Anblick.

Als die Feenschar die alte Knorre erreicht,
können sie bereits beim Anflug erkennen,
was geschehen ist.

»Feenankunft!«, rufen sie aufgeregt
durcheinander. »Juhuuu!«
Es ist jedes Mal
genauso aufre-
gend wie beim
1. Mal, wenn man
dabei sein darf, wenn
eine neue Fee im Zau-
berwald ankommt. Be-
hutsam landen Maluna und ihre
Freundinnen neben der winzigen Fee,
die sich ein wenig schüchtern in eines der
knubbeligen Astlöcher drückt.

»Keine Angst!«, sagt Maluna. »Wir
sind ja jetzt da.« Dann schütteln alle der neuen Fee die
Hand. »Herzlich will-
kommen im Zau-
berwald.«

»Ich muss das aufschreiben«, murmelt die kleine Tautropfenfee und holt einen rosa Zettel aus ihrer Tasche. »Das muss ich unbedingt sofort, glucks, aufschreiben.« *Heute habe ich zum 1. Mal …* steht ja bereits auf dem Papier. *… eine Feenankunft erlebt*, schreibt die Tautropfenfee. *Und sie ist* NOOOOCH *kleiner als ich*, kritzelt sie weiter.

»Du bist ja noch, glucks, kleiner als ich«, sagt sie laut und betrachtet staunend die neue Fee. »Wie heißt du?«

»Ich bin Minimee Windhauch«, wispert die kleine Fee, und ihre Stimme klingt tatsächlich wie das leise Säuseln des Windes.

»Wie?«, fragt Pepita Polkapunkt, die schon wieder an einem Pengbong lutscht und vor lauter Knistern nicht gut hört.

Doch auch als die kleine Luftfee ihren Namen wiederholt, ist sie kaum zu verstehen. Alle sehen sich ratlos an.

»Platschwolkenbruch noch mal, jetzt weiß ich!« Maluna Mondschein schlägt sich grinsend an die Stirn. »Sie kann nicht lauter, sie ist eben … äh, eher windig.«

»Aber ich brülle doch schon!«, wispert Minimee.

»Schon gut«, gurrt Cintilla und drückt die kleine Luftfee an sich. »Dass wir dich vorhin rufen gehört haben, ist ein echtes Wunder. Egal. Wir sind deine Freundinnen und werden dir jetzt helfen.«

»Bei was genau?«, erkundigt sich Minimee Windhauch.
»Ich weiß nämlich von gar nichts. Wuuusch, plötzlich war
ich hier und …«

»Du musst fliegen lernen«, erklärt Aurea und wedelt de-
monstrativ mit ihren glitzernden Feenflügeln.

»Kann ich das nicht?«, haucht Minimee und macht große
Augen.

»Nööö!«, rufen die Feen im Chor und kichern. »Aber wir
zeigen es dir.«

Einer neuen Fee das Fliegen beizubringen, macht allen fast noch mehr Spaß als, sagen wir, Schokolade zu essen.

»Aber ich hab doch Flügel«, wispert Minimee beharrlich und schlägt sie probehalber einmal zusammen.

»Na ja«, meint Maluna, »es gibt ja auch Leute, die haben ein Gehirn, aber sie denken damit trotzdem nicht.«

Die Feen brechen in Gekicher aus, und ich kann nur hoffen, dass Maluna Mondschein damit nicht irgendjemanden aus der Menschenwelt gemeint hat. Mich zum Beispiel.

»Hab ich nicht!«, flüstert Maluna und zwinkert uns heimlich zu. »Nein, nein! Also«, erklärt Maluna, »ohne magischen Flugstaub sind deine Flügel bloß die reinste Verzierung.«

»Und wo bekomme ich den her?«, möchte die kleine Luftfee wissen.

»Na, von uns«, brauseknistert Pepita Polkapunkt. »Guck mal, neben dir, das ist dein Flugstaubbeutel.«

Erstaunt reicht Minimee ihr das kleine Säckchen. »Ist mir gar nicht aufgefallen«, haucht sie.

Sorgfältig streifen die Feen jede eine große Portion von ihren eigenen Flügeln ab und schütteln den Staub in das Beutelchen. Sachte fahren sie dann mit den Händen über

Minimees Flügel, um sie mit den Resten des Staubs zu bestreichen.

»Jetzt kannst du fliegen«, sagt Maluna. »Also, wenn du's könntest.«

»Hä?«, haucht Minimee.

Wieder brechen die Feen in Gekicher aus.

»Versuch's mal«, fordert die Zahnfee Minimee auf und reicht ihr eine Hand. »Dann weißt du, was Maluna meint.«

Minimee schüttelt einmal ihre Flügel, holt tief Luft und lässt sich unerschrocken vom Ast in die Tiefe fallen.

»Ich flieeege …«, wispert sie und …

… plumpst genau in die Arme von Aurea Goldgefunkel.

»Ups«, flüstert Minimee.

»Uff«, macht Aurea. »Hab ich dich.« Dann fliegt sie mit Minimee im Arm wieder auf den Ast zurück.

»Mann! Du hättest Matsch sein können«, schimpft Maluna und schüttelt fassungslos den Kopf. »Okay, jetzt mit Anleitung«, bestimmt sie und beginnt sogleich mit den Fluganweisungen.

»Bis zum Rand vortasten, Linksblick, Rechtsblick, noch mal Linksblick, in die Knie gehen, abstoßen und dabei leicht Gas geben, aber nur leicht, dann aufsteigen, Schräglage je nach Windverhältnissen, anschließend …«, zählt die kleine Gutenacht-Fee auf und fuchtelt zur Verdeutlichung mit den Armen.

»Das kapier ich nie«, seufzt die kleine Luftfee.

»So wie's Maluna erklärt, glucks, würd ich's auch nicht kapieren«, wird sie von der kleinen Tautropfenfee getröstet.

»Das hab ich ge-hö-hört!«, ruft Maluna.

»Mir doch egal«, erwidert die kleine Tautropfenfee frech. »Du kannst ja auch nicht ordentlich, glucks, landen!«

»Na warte«, schimpft Maluna. »Du kriegst heute Nacht kein Feengeschenk. Da kannst du noch so ratzeschnell und tippeltoll ins Bett gehen.«

»Menno«, mault die Tautropfenfee und zieht eine Schnute.

»Also, will jetzt hier jemand fliegen lernen oder nicht?«, schaltet sich Pepita ein und steckt sich ein weiteres Pengbong in den Mund.

»Wie viele hast du denn NOCH davon?«, fragt Cintilla und verdreht die Augen.

»Darf ich auch eins?«, will Minimee neugierig wissen.

»Neeeiiin!«, rufen die Feen. »Das ist nur was für Erwachsene.«

»Algo«, sagt Pepita und schiebt das Bonbon in die andere Backentasche, »du muscht einfach nur diesche Muschkeln anschpannen. Dann tschien schich die Flügel von alleine tschuschammen und auscheinander. Schwups, fliegscht du. Gansch einfach.«

»Ach«, mischt sich Maluna ein, »und die Verkehrsregeln? Links, rechts, noch mal links gucken. Einbahnstraße, rechts vor links, Gegenverkehr beim Abbiegen niemals durchlassen …«

»Warte mal«, mischt sich Aurea ein. »Du lässt wirklich beim Abbiegen niemals den Gegenverkehr durch???«

»Nö«, sagt Maluna und verschränkt die Arme. »Ich flieg

auch von falsch rum in Einbahnstraßen. Ich habe ja nicht gesagt, dass diese Regeln für alle gelten. Also, sie gelten schon für alle, nur eben nicht für mich.«

»Äh«, macht Minimee. »Ich versteh überhaupt nicht, von was …«

»Flieg einfach, Babyfee, du schaffst das.« Cintilla legt Minimee beruhigend eine Hand auf den Rücken. »Hops und los«, sagt sie. »Guck, Pepita fängt dich auf, falls was schiefgeht. Wenn sie nicht gerade mit ihrem explodierenden Pengbong beschäftigt ist.« Mit diesen Worten gibt Cintilla Minimee einen sanften Schubs, und die kleine Luftfee trudelt abermals vom Baum.

»Muskeln, flapp, flapp!«, brüllen Cintilla, Aurea und Maluna ihr zu. Kurz bevor Pepita eingreifen muss, geschieht es tatsächlich: Ein hilfreicher Windstoß hebt die kleine Luftfee hoch, sodass sich ihre Flügel nur so aufblähen.

Der magische Flugstaub erledigt den Rest, und plötzlich kann sie es!

»Ich fliiieeege«, brüllt die kleine Luftfee, was man natürlich kaum hört, weil es erstens kaum mehr als ein Wispern ist und die Feen zweitens lautstark applaudieren. Deswegen bekommt auch niemand mit, wie die kleine Luftfee gerade dabei ist, vergeblich eine Kurve zu fliegen, und hektisch um Hilfe ruft.

»Also, ich finde, sie muss es ja nicht gleich übertreiben«, schimpft Maluna, als Minimee schon fast außer Sichtweite ist. »Komm zurück, zum schlammpfützigen Donnergrummel noch mal!«

»Ja, wie denn?«, haucht Minimee und flirrt und sirrt immer weiter geradeaus. »Hoffentlich ist das jetzt keine, dings, Einbahnstraße«, murmelt sie vor sich hin.

»Ups«, sagt Aurea. »Wir haben vergessen, ihr zu sagen, wie man umdreht.« Rasch wird die kleine Luftfee von ihren neuen Freundinnen eingeholt.

»Schulterblick, Hand raus, einordnen«, bestimmt Maluna streng.

»Was?«, fragt Minimee. »Wie?«

»Hör nicht auf sie«, flüstert die kleine Tautropfenfee. »Du verlagerst einfach dein Gewicht in die Richtung, in die du abbiegen möchtest, fertig. Glucks.«

»Ach so«, sagt die kleine Luftfee und fliegt die schönste Kurve, die je einer Babyfee im Zauberwald bei ihrem ersten Flug gelungen ist.

»Donnerwetter«, lobt selbst Maluna Mondschein. »Wenn sie jetzt auch noch so gut landet …«

Und genau das hat Minimee Windhauch vor. Unerschrocken flattert die kleine Fee auf die alte Knorre zu, als wüsste sie genau, was sie tut. Kann das wirklich gut gehen? Die allererste Landung im Feenleben, und das ganz ohne Training?

»Äh, äh, äh, bremsen!«, japst Maluna. »Hallo! Du sollst bremsen! Auf der Stelle flattern und langsam den Fuß ausstrecken. Tasten, tasten, du musst tasten.«

»Hör nicht auf, glucks, sie«, ruft die kleine Tautropfenfee. »Lande einfach. Geschwindigkeit drosseln, mit beiden Beinen fest stehen, Flügel sofort einklappen. Fertig.«

»So?«, haucht Minimee und strahlt. In nur einem Versuch hat sie es geschafft, sicher auf einem knubbeligen Ast der alten Knorre zu landen.

»Donnerkrachblitzgetöseschneegestöberflatschhagel-nachtdunklesblitzgewitter aber auch!« Maluna Mond-schein schüttelt vor Erstaunen den Kopf. »So einfach ist das?«, fragt sie die kleine Tautropfenfee erstaunt.

»Glucksi«, hickst diese und nickt. »Äh, ich meinte, ja, so einfach ist das.«

»Okay«, sagt Maluna und nimmt sich vor, gleich später diese Landemethode einmal selbst auszuprobieren. Es kann ja wohl nicht sein, dass eine frisch angekommene Babyfee bessere Landungen hinlegt als die erfahrenste Pi-lotin des Zauberwaldes.

»Für das erste Mal nicht schlecht«, sagt Maluna dann endlich und grinst ein wenig verlegen, als sie halbwegs vernünftig neben der kleinen Luftfee landet. »Gar nicht mal so schlecht.«

»Danke«, haucht Minimee und nimmt erstaunt die rosa Zettel entgegen, die sie nun von den an-deren Feen gereicht bekommt.

»Schreib alles ganz genau auf«, er-klären sie. »Damit du diesen Tag nie-mals vergisst. Und besorg dir bei Meister Prallbacke ein 1.-Mal-Glas.«

»Waswiewer?«, fragt Minimee verwirrt.

Da prusten die Feen los. »Wir kommen

morgen wieder und erklären dir den ganzen Rest. Jetzt such dir erst mal ein Zuhause.«

Minimee nickt und deutet auf ein großes Loch im Stamm der alten Knorre. »Sehr gemütlich«, sagt sie. »Da werde ich einziehen.«

»Bist du sicher?«, fragen die anderen Feen erstaunt. »Noch niemals ist jemand auf die Idee gekommen, in die alte Knorre zu ziehen.«

»Aber ja, ist daran etwas falsch?«, fragt Minimee.

»Nein«, Cintilla drückt die kleine Luftfee zum Abschied, »es ist sogar eine sehr gute Idee. Die alte Knorre freut sich bestimmt über deine Gesellschaft. Sie ist ein starker, ruhiger Baum, das passt zu dir.«

»Ja, und morgen bringen wir dir alles, was du sonst noch so brauchst«, verspricht die kleine Zahnfee. »Zahnbürste, Zahnpasta, Zahnseide …«

»Eine karierte Pflanze, einen getupften Schal, einen gestreiften Lampenschirm …«, zählt Pepita Polkapunkt auf.

»Töpfe, Teller, Klopapier …«, ruft Aurea Goldgefunkel. »Damit irgendjemand auch mal was Praktisches vorschlägt.«

»Teelichter, Kerzen, Brennholz«, ergänzt Cintilla Funkentanz. »Und natürlich Feuer.«

»Schokokekse, Bücher, Spiegel«, sagt Maluna Mondschein. »Das ist überhaupt das Allerwichtigste. Und ein Bild vom Mond.«

»Und Taschentücher, glucks«, piepst die kleine Tautropfenfee und reicht Minimee Lufthauch eines von ihren. »He! Nicht weinen«, sagt sie. »Freu dich einfach, dass du jetzt im Zauberwald bist. Bis morgen!«

Dann fliegen die Feen nach Hause. Jede von ihnen freut sich darauf, heute noch eine ganze Menge der kleinen rosa Zettel auszufüllen.

Heute habe ich zum 1 Mal...

Eine Babyfee aufgefangen!

(und 9!!! Pengbongs nacheinander gegessen.

Autschi, jetzt tut mir der Mund weh)

Pepita

Heute habe ich zum 1 Mal...

For ein paa Wochen habich aine

klaine Schwesta bekommn.

Kleiner Drache

Ich weiß noch ganz genau wie
ich zum 1 Mal...

geschwommen bin!!!

Maluna Mondschein

Im letzten Jahr habe ich zum 1. Mal ...

mit Foxtrott Fuchs getanzt.

Ranunkel krakelei

Mein(e) Papa hat zum 1. Mal ...

ein Gewitter gezaubert
(ein kleines).

Kleiner Zauberer

Ende der Geschichte

Ja, ja, schon gut. Du ahnst bestimmt schon, was jetzt kommt. Richtig.

Ich mache dir einen Vorschlag. Normalerweise ist es ja andersrum, denn wenn ihr mich besucht, plappert mir dauernd dieser niesel-nervige Mensch mit seinen zweiundelfzig Fragen dazwischen, aber jetzt muss zur Abwechslung ich mal was loswerden.

Denn ich habe gehört, dass es in der Menschenwelt überhaupt keinen 1.-Mal-Tag gibt! Wenn das wirklich wahr ist, dann kann das ja wohl nicht wahr sein!!! Es wird also Zeit, dass du ihn schleunigst einführst.

Habt ihr vielleicht eine Königin? Oder einen Hexenrat? Vielleicht kannst du ja einen Brief schreiben, damit die das dann bestimmen. Aber bis es so weit ist, nimmst du einfach eine Vase oder eine Flasche, in die du und deine Familie eure 1.-Mal-Zettel hineinsteckt.

Nur noch eine einzige, allerletzte Geschichte

Dachte ich mir schon, dass du noch eine einzige, allerletzte Geschichte hören möchtest. Allerletzte Geschichten sind immer die kürzesten im Buch. Nur, damit du vorgewarnt bist. Das nächste Mal nenne ich sie einfach allerletzte und gleichzeitig auch allerkürzeste Geschichte.

Ich bin mal gespannt, wie kurz diese hier ist.

Wollen wir sie uns anhören?

Gut, sie geht so:

Mache ich mich mit einer Süßigkeiteneinkaufsliste auf den Weg zu den Schwestern Rosarot.

Komme ich an eine Umleitung, muss eine andere Strecke fliegen und düse zufällig bei Bolle und Bobsi Biber vorbei.

Sind sie gerade dabei, ihre blauen Hochzeitsgeschenke auszupacken.

Lande ich, um ihnen dabei zuzusehen.

Stellen Bobsi und Bolle Biber fest, dass sie so viele blaue

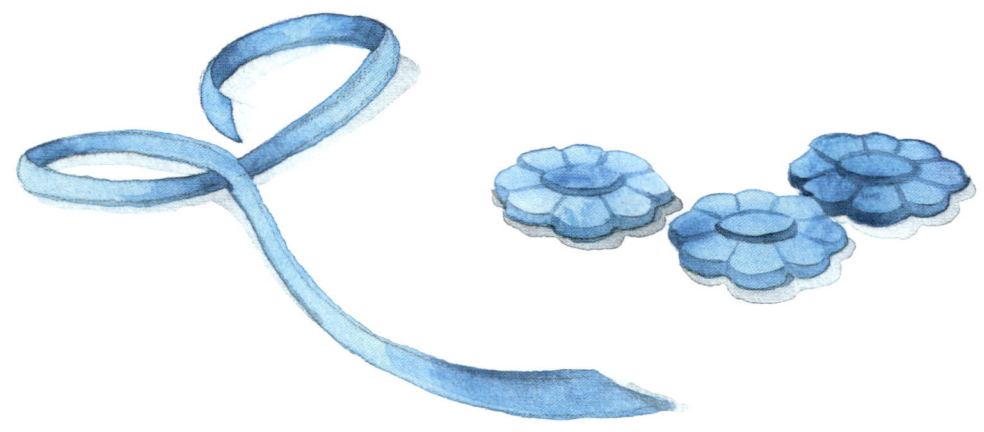

Gummiblumen mit Frühlingsgeschmack bekommen haben, dass sie noch bis zum Winter in vier Jahren reichen.
Biete ich großzügig und selbstlos an, ihnen welche abzunehmen.
Damit sie nicht schlecht werden, selbstverständlich.
Finden Bolle und Bobsi Biber das eine gute Idee und füllen meinen Rucksack, bis der Reißverschluss nicht mehr zugeht.
Muss ich den Rest im Mund transportieren …
Kauend und schmatschend und schingend fliege ich wieder nach Hause zurück.

Absolutes Ende der absolut allerletzten, allerkürzesten, allerzuendesten Geschichte.

Und hier steht auch nichts mehr!

Ach doch, tatsächlich:

Ich wünsch euch einen schönen Traum,
von einem Zuckerbonbon-Baum.

Und das soll jetzt das Ende sein, sagt Maluna Mondenschein.
Gute Nacht, kleiner Schatz.
Knips, knaps, beide Äuglein zu …

Dein Zauberwald-Partylied

Melodie: Claire Raiber

1. Im Zauberwald da feiert man, was man sich nur denken kann.
Ob bei Nacht oder am Tage die Liebe oder Scho-ko-la-de.

Refrain: Oh, komm wir feiern einfach mit, schmettern gemeinsam diesen Hit.

Strophe 2: Wir jubeln, lachen, applaudieren,
niemand muss sich da genieren.
Monsterfreunde, kommt nur her,
zusammen feiern ist nicht schwer.

*Refrain 2: Im Zauberwald beisammen sein,
bei Vollmond und bei Sonnenschein.*

Strophe 3: Dunkelmunkel, Zack-Futsch-Weg!
Spaß zu haben ist der Zweck.
Drachenschwester, erster Flug,
zu feiern gibt es stets genug.

Refrain 3: Komm mit, wir fliegen jetzt sofort
an diesen zauberhaften Ort.

Andrea Schütze kennt die kleine Gutenacht-Fee sogar persönlich. Sie hat nämlich zwei Töchter, und als die ältere noch klein war, wollte sie sehr oft nicht einschlafen. Durchschlafen übrigens auch nicht. Und weil ihre Tochter nachts ungerne alleine wach war, haben die beiden irgendwann die Bekanntschaft mit Maluna Mondschein gemacht. Das hat die Autorin sehr erleichtert, denn sonst hätte sie diese Geschichten vor lauter Müdigkeit niemals aufschreiben können …

Inzwischen sind die Töchter schon fast richtig groß, aber Maluna kommt trotzdem hin und wieder noch vorbei und legt etwas auf das Fensterbrett.

Aus alter Freundschaft.

www.andrea-schuetze.de

Tina Kraus ist 1985 in Starnberg geboren und im Isartal im Münchner Süden aufgewachsen. 2005 ist sie nach Münster gezogen, um an der Fachhochschule Münster Design zu studieren. 2008 wurde sie für den Paperworld Card Award für innovatives Grußkarten-Design nominiert. Das Sommersemester 2009 verbrachte sie an der Duksung Women's University in Seoul, Südkorea. Im Jahr 2009 hat sie auch ihr erstes Buch – das Pop-up-Buch »A wie Affe, B wie Bär« – veröffentlicht. Ihren Abschluss als Diplom-Designerin hat sie im Juli 2010 mit dem Pop-up-Projekt »Circus Zingaro« im Bereich Illustration an der Fachhochschule Münster gemacht. Seitdem arbeitet sie als freiberufliche Illustratorin und Paper-Engineer.

Hallo, hallo, hier kommt
Maluna Mondschein!

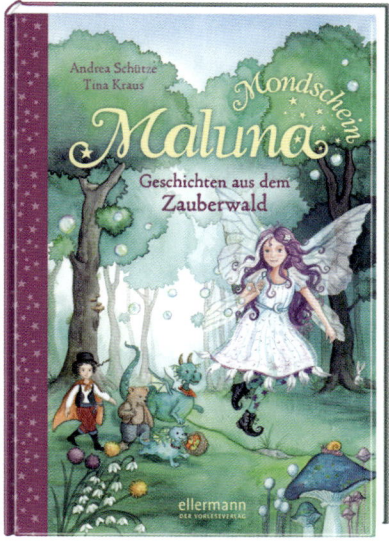

Heute ist Menschenkinder-Tag! Und das bedeutet für Maluna Mondschein: Vom Zauberwald geht es in die Menschenwelt, um den Kindern ihr Feengeschenk zu bringen. Doch Vorsicht – wenn jemand am Abend nicht ratzeschnell und tippeltoll ins Bett gegangen ist, heißt es ganz schnell: »Zack, kein Feengeschenk!«

Andrea Schütze · Tina Kraus
Maluna Mondschein –
Die kleine Gutenacht-Fee
Ab 4 Jahren · 128 Seiten · ISBN 978-3-7707-4020-8

Im Zauberwald hat Maluna Mondschein viele Freunde. Was wird der kleine Bär wohl am Tag des wilden Wetters erleben? Warum erscheint plötzlich ein Regenbogen, wenn Papa Zauberer mit den Farben experimentiert? Und wie findet Mama Drache ihr Kind wieder, wenn es beim Einkaufsflug verloren geht?

Andrea Schütze · Tina Kraus
Maluna Mondschein –
Geschichten aus dem Zauberwald
Ab 4 Jahren · 128 Seiten · ISBN 978-3-7707-4022-2

Weitere Informationen unter
www.maluna-mondschein.de & **www.ellermann.de**

Traumhaft schön!
Maluna im Bilderbuch

Andrea Schütze
*Maluna Mondschein
und das Feengeschenk*
Einband und farbige
Illustrationen von Tina Kraus
Ab 4 Jahren · 32 Seiten
ISBN 978-3-7707-4019-2

Zeit für Feengeschenke! Aber heute Nacht ist es ganz schrecklich dunkel, und immer neue Wolken schieben sich vor Mond und Sterne. Wie soll Maluna da nur alle Höhleneingänge und Fensterbretter finden? Doch am Ende ist ihr Rucksack leer, und die kleine Gutenacht-Fee kehrt glücklich nach Hause zurück. Nur komisch, dass der kleine Drache am nächsten Morgen gleich eine ganze Fensterbank voll mit Feengeschenken findet!

Weitere Informationen unter
www.maluna-mondschein.de und **ellermann.de**

ellermann
DER VORLESEVERLAG